Bernd Kanwischer / Reinhard Spincke

Das Gemeinde-Comeback

Wie Ihre Gemeinde neu aufblüht

W0236568

SCM R.Brockhaus

SCM

Stiftung Christliche Medien

Die verwendeten Bibelzitate sind entnommen aus:
Gute Nachricht Bibel, revidierte Fassung, durchgesehene Ausgabe in neuer Rechtschreibung, © 2000 Deutsche Bibelgesellschaft, Stuttgart.

© 2010 SCM R.Brockhaus im SCM-Verlag GmbH & Co. KG, Witten
Dieses Werk einschließlich aller seiner Teile ist urheberrechtlich geschützt.
Jede Verwendung außerhalb der engen Grenzen des Urheberrechtsgesetzes
ist ohne vorherige schriftliche Einwilligung des Verlages unzulässig und strafbar.
Das gilt insbesondere für Vervielfältigungen, Übersetzungen
und die Einspeicherung und Verarbeitung in elektronischen Systemen.
Umschlaggestaltung: Johannes Schermuly, Wuppertal
Satz: Breklumer Print-Service, Breklum
Druck und Einband: CPI-Ebner & Spiegel, Ulm
Printed in Germany
ISBN 978-3-417-26346-6
Bestell-Nr. 226.346
www.scm-brockhaus.de

Inhalt

Vorwort   5

I. Schrumpfende Gemeinden – ein wachsender Markt! . . .   7

1. Ein altbekanntes Phänomen: schrumpfende Landeskirchen   7
2. Ein verdrängtes Phänomen: schrumpfende Freikirchen . .   9
3. Bund Freikirchlicher Pfingstgemeinden und Freie
   evangelische Gemeinden: rühmliche Ausnahmen? 10
4. Ein neues Phänomen: der Bevölkerungsrückgang
   in Deutschland 14

II. Die sieben wichtigsten Gründe,
   warum Gemeinden schrumpfen und sterben 18

1. Die demografische Entwicklung/Überalterung der
   Gemeinde 19
2. Zerstörerische Konflikte 20
3. Probleme in der Leitung der Gemeinde 22
4. Unangemessene Strukturen und Programme 29
5. Fehlende geistliche Gesundheit 30
6. Mangelnde missionarische Begeisterung 36
7. Räumlichkeiten und Finanzen 37

III. Raus aus dem Abwärtsstrudel 39

1. Den Tatsachen ins Gesicht sehen 39
2. Missionarische Perspektive gewinnen 44
3. Von den Verheißungen Gottes leben 48
4. Mit schwierigen Leuten klarkommen 50
5. Einen Bund miteinander schließen 54
6. Und wenn es trotzdem nicht reicht? 55

IV. Als Leiter das Comeback wagen und überstehen 60

1. Das Comeback wagen 60
2. Das Comeback überstehen 62

V. Sie haben es geschafft! 66

1. Essen-Kettwig 66
2. Mechernich 70
3. Uedem 74
4. Witten 77
5. Wuppertal-Elberfeld 81

VI. Amerikanische Untersuchungen –
   Rückschlüsse für deutsche Gemeinden 85

1. Hinweise für Ortsgemeinden 85
2. Hinweise für Gemeindebünde 89

VII. TOOLBOX – Praktische Impulse für die Gemeindearbeit 94

1. Mitarbeiter finden, entwickeln und begleiten 95
2. Mit Teams arbeiten 105
3. Die gesunde Perspektive 116
4. Veränderungen gestalten 126
5. Klare Leitung 136
6. Hilfreiche Strukturen entwickeln 140
7. Konflikte lösungsorientiert bearbeiten 150
8. Evangelisation neu entdecken 157

VIII. Der lange Atem – die Liebe 164

Anhänge 172

Literatur 176

Vorwort

»Verzeicht, wenn manchen manches hart hier trifft,
Mein Pfeil soll treffen, doch er trägt kein Gift.«
Christian Morgenstern (1871-1914)

Auch in christlichen Kreisen reden wir lieber über erfreuliche Themen und Erfolgsnachrichten als über rückläufige Gemeinden und ihr Sterben. Wir haben den Eindruck, dass dieses Thema sowohl bei betroffenen Gemeinden als auch bei den Kirchenleitungen gern verdrängt wird. In unserem Buch greifen wir in der Analyse zunächst auch diesen Verdrängungsmechanismus auf. Wenn wir damit jemandem auf die Füße treten sollten, bitten wir höflich um Verzeihung, halten es aber um der Sache willen für notwendig. Verdrängen ist nicht nötig und hilft niemandem weiter.

Der Titel dieses Buches – »Das Gemeinde-Comeback« – will ausdrücken, dass es auch für solche Gemeinden Hoffnung gibt. Wir möchten Pastoren, Gemeinden, aber auch Kirchen und Gemeindebünden Mut machen, sich mit dieser Thematik auseinanderzusetzen. Es gibt hilfreiche Ansatzpunkte, damit auch rückläufige oder sterbende Gemeinden neue Perspektiven entwickeln und so ihr ganz eigenes Comeback mit Gottes Hilfe starten.

Im Unterschied zu Deutschland sind rückläufige und sterbende Gemeinden in den USA schon länger ein Thema. Unter dem Stichwort »Turnaround Church« ist dort vieles bereits diskutiert worden, und mancher Impuls aus den USA ist in dieses Buch eingeflossen. Dennoch erschien uns das Stichwort »Comeback« verständlicher. (Ein prägnanter und angemessener deutscher Begriff fehlt leider, finden wir.) Wir wollen Gemeinden helfen, die früher gute Zeiten erlebt haben, nun aber in die Krise geraten sind. Es gibt begründete Hoffnung, den frischen Wind von Gottes Geist wieder neu in den Segeln zu spüren.

Ein herzlicher Dank geht an dieser Stelle an die fünf Gemeinden, die bei dieser Untersuchung mitgemacht haben. Die offenen Gespräche waren auch persönlich sehr wertvoll. Natürlich kostet die Bereitschaft, über die Geschichte einer Gemeinde mit ihren Höhen und Tiefen zu sprechen, auch Mut. Vom Ergebnis können nun hoffentlich viele andere Gemeinden profitieren. Wir empfehlen Gemeindeleitungen, das Buch gemeinsam durchzuarbeiten. Aus diesem Grund sind bei den meisten Kapiteln am Ende Fragen zum Weiterdenken formuliert.

Witten, im Februar 2010
Bernd Kanwischer und Reinhard Spincke

I. Schrumpfende Gemeinden – ein wachsender Markt!

Auch wenn es sich wie ein Paradoxon anhört: Die Zahl schrumpfender Gemeinden in Deutschland wächst! Trotz aller Gemeindewachstumsliteratur, missionarischer Kongresse und neuer Gemeindemodelle. Trotz einer neuen religiösen Sehnsucht in unserer Gesellschaft und einem neuen Interesse der Medien am Thema christlicher Glaube. Viele Kirchen und Gemeinden kämpfen darum, ihre Mitgliederzahlen wenigstens einigermaßen zu halten. Wie die folgenden Ausführungen zeigen, sind davon nicht allein die Landeskirchen betroffen, sondern auch die Freikirchen. Der Bevölkerungsrückgang wird ab dem Jahr 2010 deutlich zu spüren sein und die bisherigen Schrumpfungstendenzen der Kirchen noch dramatisch verstärken.

1. Ein altbekanntes Phänomen: schrumpfende Landeskirchen

Wie stark sowohl die Evangelische Kirche in Deutschland (EKD) als auch die römisch-katholische Kirche schrumpfen, machen folgende Zahlen deutlich:

- ▶ Die EKD ist auf dem Weg, ihre Mitgliederzahl zu halbieren.
- ▶ Die römisch-katholische Kirche hat seit 2000 mehr Mitglieder als die EKD.
- ▶ Während die römisch-katholische Kirche bis ins Jahr 1990 noch gewachsen ist, nimmt seitdem auch ihre Mitgliederzahl stetig ab.

Die beiden großen Kirchen reagieren auf die schrumpfenden Mitgliederzahlen vorwiegend mit zwei Strategien:

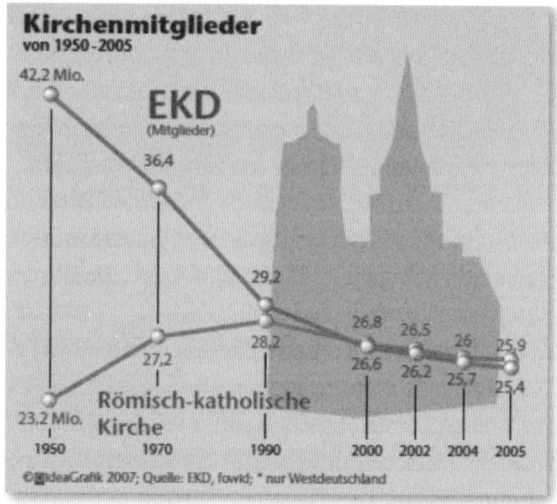

Abb. 1

Kirchenmitglieder
von 1950-2005

42,2 Mio.

EKD
(Mitglieder)

36,4

29,2

28,2

26,8   26,5   26   25,9

26,6   26,2   25,7   25,4

27,2

Römisch-katholische
Kirche

23,2 Mio.

1950   1970   1990   2000 2002 2004 2005

© IdeaGrafik 2007; Quelle: EKD, fowid; * nur Westdeutschland

a) Seit einigen Jahren hat das Thema Mission wieder an Bedeutung gewonnen. Erinnert sei hinsichtlich der EKD an die Synode 1999 zum Thema Mission. Selbst in der EKD-Handreichung »Klarheit und gute Nachbarschaft – Christen und Muslime in Deutschland« heißt es zum Zusammenleben mit Moslems (S. 15): »Christliche Mission bedeutet jedoch mehr als respektvolle Begegnung. Sie umfasst das Zeugnis vom dreieinigen Gott, der den Menschen durch Jesus Christus zu wahrer Menschlichkeit befreit. Es ist für die evangelische Kirche ausgeschlossen, dieses Zeugnis zu verschweigen oder es Angehörigen anderer Religionen schuldig zu bleiben.« Sowohl die EKD als auch die römisch-katholische Kirche bemühen sich in Wiedereintrittsstellen neu darum, Mitglieder zu gewinnen.

b) Neben missionarischen Bemühungen spielt die Notwendigkeit, Kosten einzusparen, eine erhebliche Rolle in der innerkirchlichen Diskussion. Allein das Bistum Essen sieht mittelfristig eine Schließung von 96 Kirchen vor.[1] In der EKD wird mittelfristig ein starker Stellenabbau zu erwarten sein.

---

1 Aus: Häufig gestellte Fragen zum Zukunftskonzept des Bistums Essen, Bischöfliches Generalvikariat Essen, August 2008, S. 5

Was bisher unseres Erachtens nach fehlt, ist eine umfassende Analyse der Frage, warum die großen Kirchen in Deutschland einen so starken Mitgliederrückgang zu verzeichnen haben. Welche Rolle spielt die theologische Grundausrichtung der Kirche? Welche grundsätzlichen Änderungen müssen eventuell im Kirchenverständnis erfolgen? Wo liegt die geistliche Quelle für die Erneuerung der Kirche? Leider werden diese und andere grundsätzliche Fragen nicht gestellt. So scheint es nur noch eine Frage der Zeit, wann sich der Begriff Volks- oder Landeskirche, ähnlich wie in der Politik der Begriff Volkspartei, aufgrund einer zu geringen Mitgliederzahl überholt hat.

2. Ein verdrängtes Phänomen: schrumpfende Freikirchen

Obwohl die Mitgliederzahlen innerhalb der Vereinigung Evangelischer Freikirchen insgesamt weiter ansteigen, erleben einige klassische Freikirchen seit längerer Zeit einen Mitgliederrückgang.

Trotz dieser längerfristigen Entwicklungen sind bisher kaum gravierende Reaktionen und Veränderungen zu erkennen. Eher geht man den Weg, diese Zahlen zu relativieren. So äußerte sich die Bi-

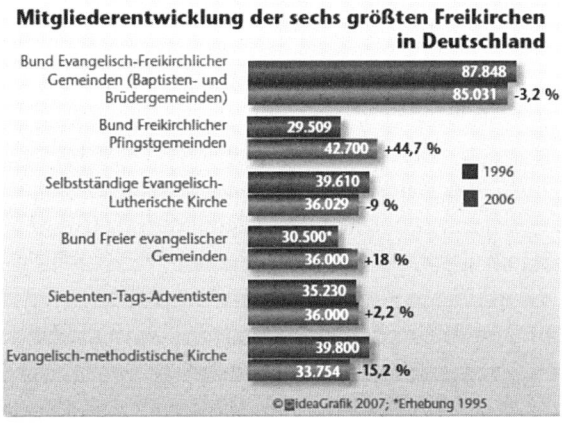

Abb. 2

Mitgliederentwicklung der sechs größten Freikirchen in Deutschland

Bund Evangelisch-Freikirchlicher Gemeinden (Baptisten- und Brüdergemeinden) 87.848 / 85.031 -3,2 %

Bund Freikirchlicher Pfingstgemeinden 29.509 / 42.700 +44,7 %

Selbstständige Evangelisch-Lutherische Kirche 39.610 / 36.029 -9 %

Bund Freier evangelischer Gemeinden 30.500* / 36.000 +18 %

Siebenten-Tags-Adventisten 35.230 / 36.000 +2,2 %

Evangelisch-methodistische Kirche 39.800 / 33.754 -15,2 %

■ 1996 ■ 2006

©ideaGrafik 2007; *Erhebung 1995

schöfin der Evangelisch-methodistischen Kirche (EMK) Rosemarie Wenner: »Ich erwarte bei den Mitgliederzahlen keine Trendwende (…) Kleine Zahlen machen uns nicht wirklich Angst.«[2] Im Bund Evangelisch-Freikirchlicher Gemeinden (BEFG) gibt es angesichts rückläufiger Zahlen auf Bundesebene zwar eine Auseinandersetzung mit der Statistik, aber noch keine erkennbare Strategie, um das Thema anzugehen. So äußert sich der Leiter des Dienstbereichs Gemeindeentwicklung Friedrich Schneider zur Situation, dass offenbar zahlreiche Gemeinden in einer »internen Krise« stecken und sich Mitglieder deswegen abwenden: »Das absorbiert viele Kräfte.«[3]

Klarer äußert sich die Leiterin des Landesverbandes Rheinland im BEFG: »Viele alte, traditionelle Gemeinden werden aufgrund ihrer Altersstruktur in den nächsten 10 bis 15 Jahren sehr viele Mitglieder verlieren und sich auch nicht mehr finanzieren können. Die Frage, wie es mit diesen Gemeinden weitergeht, bewegt uns sehr. Wir gehen das auf verschiedenen Ebenen an: Der Arbeitskreis Mission und das Gemeindejugendwerk setzen sich damit auseinander. Und es wird das große Thema unserer nächsten Landesverbandskonferenz.« Die Diskussion über Hilfestellungen für rückläufige Gemeinden ist damit also auch im BEFG im vollen Gang.

3. Bund Freikirchlicher Pfingstgemeinden und Freie evangelische Gemeinden: rühmliche Ausnahmen?

Anders als andere Freikirchen hat der Bund Freikirchlicher Pfingstgemeinden (BFP) ein sehr starkes Wachstum und der Bund Freier evangelischer Gemeinden zumindest (BFeG) ein ordentliches Wachstum zu verzeichnen. Sind sie die rühmlichen Ausnahmen in

---

2 Idea 48/2008
3 http://www.ebf.org/articles/display-article.php?article=160&lang=ger&cat=home. Stand 20.1.2010

einer dramatisch schrumpfenden Kirchenlandschaft? Eine Analyse der Gründe kann hier Aufschluss geben.

Schauen wir uns zunächst in einem kurzen Überblick das Wachstum des BFP an[4]:

Mitglieder 2006:   42 057
Mitglieder 2005:   38 824
Wachstum: 3 233 (7,7 Prozent)

Während sich diese Zahl durchaus noch sehr beeindruckend liest, fällt das Wachstum bei den 475 deutschen Gemeinden mit 1,2 Prozent pro Jahr oder 376 Personen deutlich geringer aus.

Hinzu kommt, dass die Gesamtzahl der Gemeinden gewachsen ist:

Zahl der Gemeinden 2006:   588
Zahl der Gemeinden 2004:   574
Wachstum :   14 (1,2 Prozent in zwei Jahren)

Das insgesamt hohe Wachstum des BFP speist sich nicht somit nicht aus dem traditionellen »Kernbereich« des Bundes, sondern aus zwei anderen Quellen[5]:

a) aus der Integration neuer, bislang selbstständiger Gemeinden;
b) aus ausländischen Gemeinden, deren Anteil ständig wächst.

Natürlich ist sowohl die Integration neuer Gemeinden als auch die starke Arbeit mit ausländischen Gemeinden sehr wertvoll. Aber es zeigt sich auch, dass die Wachstumskraft und die missionarische Ausstrahlung der einzelnen Ortsgemeinde nicht so ausgeprägt sind. Dies macht auch folgende Grafik deutlich:

---

4 Quelle: BFP Statistik, Stand 30.6.2007
5 Dazu heißt es in einer idea-Meldung vom 24.9.2008 zum Führungswechsel beim BFB: »Der BFP nahm auf der Konferenz den Verband ›Christen der Gemeinde Ecclesia‹ mit 58 Gemeinden auf. Neu im Bund sind außerdem 32 Einzelgemeinden. Damit gehören jetzt insgesamt 721 Gemeinden zu der Freikirche; 30 Prozent sind Ausländergemeinden. Die größte Gruppe mit 144 Gemeinden bilden die Afrikaner. Jede BFP-Gemeinde hat im Durchschnitt knapp 67 Mitglieder. Damit zählt die Freikirche jetzt insgesamt rund 48 000 Mitglieder.«

**Wie viel Prozent der Gemeinden
tragen das "Nettowachstum"?**

Quelle: BFP,
Stand 30.06.2007

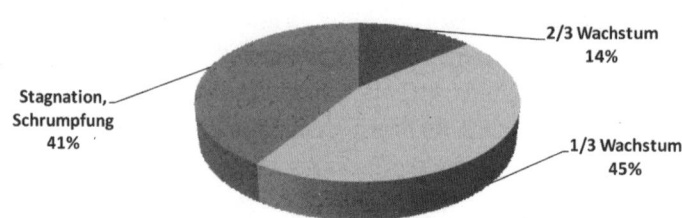

2/3 Wachstum
14%

Stagnation,
Schrumpfung
41%

1/3 Wachstum
45%

Abb. 3

Demnach stagnieren also 41 Prozent der deutschen Gemeinden im BFP oder haben rückläufige Mitgliederzahlen. Eine große Herausforderung bei der am stärksten wachsenden deutschen Freikirche!

Schauen wir uns nun den BFeG an: Im Unterschied zur Auswertung im BFP ist hier der Auswertungszeitraum auf zehn Jahre angelegt[6]. Im Jahr 2008 hatte der BFeG 433 Gemeinden mit 37 507 Mitgliedern. Wir haben die Mitgliederentwicklung der Gemeinden von 1998 bis 2008 untersucht und dabei in drei Kategorien eingeteilt:

a) Gemeinden, die in diesem Zeitraum stärker als zehn Prozent gewachsen sind = deutlich wachsende Gemeinden;

b) Gemeinden, die in diesem Zeitraum weniger als zehn Prozent gewachsen und gleichzeitig weniger als zehn Prozent geschrumpft sind = stagnierende Gemeinden, die ihr Mitgliederniveau in etwa gehalten haben;

c) Gemeinden, die in diesem Zeitraum stärker als zehn Prozent geschrumpft sind = deutlich schrumpfende Gemeinden.

Die unterschiedlichen Kategorien bewerten die Gemeinden oder ihre Leitungen nicht. Die Kategorisierung ist aber notwendig, um

---

6 Quelle: BFeG-Statistik, Stand 31.12.08

einerseits einen Gesamtüberblick über die Entwicklung der Gemeinden zu gewinnen und andererseits die notwendigen Maßnahmen zur ihrer Förderung ergreifen zu können. Die folgende Grafik zeigt den Anteil der drei verschiedenen Kategorien bei insgesamt 433 Gemeinden.

Bund FeG: Gemeindewachstum

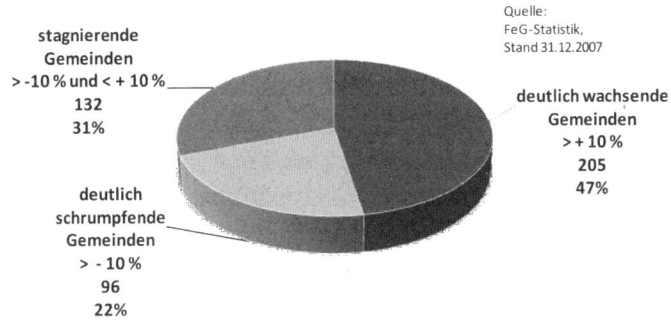

Abb. 4

Trotz der insgesamt erfreulichen Tendenz im BFeG mit knapp 50 Prozent deutlich wachsender Gemeinden stagniert oder schrumpft die andere Hälfte der Gemeinden. Interessant ist weiterhin, dass von 1994 bis 2008 27 Gemeinden im BFeG geschlossen wurden (= 1,8 pro Jahr). Ohne die ständigen Neugründungen und Neuaufnahmen hätte es auch im BFeG kein Wachstum gegeben. Dies zeigen folgende Zahlen:

Entwicklung von Mitgliedern und Gemeinden des BFeG ohne Neugründungen und Neuaufnahmen seit:

a) 2008: 433 Gemeinden bei 37 507 Mitgliedern (86,6 Mitglieder pro Gemeinde);

b) 2000: 366 Gemeinden bei 34 629 Mitgliedern (94,6 Mitglieder pro Gemeinde);

c) 1990: 311 Gemeinden bei 30 504 Mitgliedern (98,1 Mitglieder pro Gemeinde);

d) 1980: 270 Gemeinden bei 27 189 Mitgliedern (100,7 Mitglieder pro Gemeinde).

Diese Zahlen machen zum einen deutlich, dass ältere Gemeinden eine höhere Durchschnittsgröße haben, was u.a. für finanzielle Fragen wichtig ist. Wichtiger ist aber die Tatsache, dass sich der Großteil des Wachstums im BFeG der intensiven Neugründungsarbeit verdankt.

Die Frage bleibt, wie das Thema stagnierender und schrumpfender Gemeinden angegangen wird. Dass dieses Thema an Bedeutung gewinnt, macht auch die demografische Entwicklung in Deutschland deutlich.

4. Ein neues Phänomen: der Bevölkerungsrückgang in Deutschland

Obwohl die Überalterung unserer Gesellschaft in manchen Gegenden schon heute spürbar ist, wird der eigentliche Bevölkerungsrückgang erst in einigen Jahren deutschlandweit zu spüren sein, wie folgende Zahlen zeigen:

Entwicklung der Bevölkerung in Deutschland von 2006 bis 2030 (Basis: 31. Dezember 2005)[7]:

Datum	Variante 1-W1: »mittlere« Bevölkerung, Untergrenze	Variante 1-W2: »mittlere« Bevölkerung, Obergrenze
31. Dezember 2006	82.293.000	82.293.000
31. Dezember 2010	81.887.000	82.039.000
31. Dezember 2015	81.102.000	81.790.000
31. Dezember 2020	80.057.000	81.328.000
31. Dezember 2025	78.773.000	80.670.000
31. Dezember 2030	77.203.000	79.750.000

7 Quelle Bundesamt für Statistik: Bevölkerungsentwicklung Deutschlands bis 2050, November 2006.
Variante 1-W1: »mittlere« Bevölkerung, Untergrenze meint: Geburtenhäufigkeit annähernd konstant bei 1,4 Kinder je Frau, Basisannahme zur Lebenserwartung, jährlicher Wanderungssaldo von 100 000 Personen pro Jahr.

Während der Bevölkerungsrückgang erst langfristig zu spüren sein wird, ist die Alterung der Gesellschaft schon heute erkennbar[8]:

»Die Relationen zwischen Alt und Jung werden sich stark verändern. Ende 2005 waren 20 Prozent der Bevölkerung jünger als 20 Jahre, auf die 65-Jährigen und Älteren entfielen 19 Prozent. Die übrigen 61 Prozent stellten Personen im sogenannten Erwerbsalter (20 bis unter 65 Jahre). Im Jahr 2050 wird dagegen nur etwa die Hälfte der Bevölkerung im Erwerbsalter, über 30 Prozent werden 65 Jahre oder älter und circa 15 Prozent unter 20 Jahre alt sein.

Die Zahl der Kinder, Jugendlichen und jungen Erwachsenen unter 20 Jahren wird schon 2010 fast 10 Prozent niedriger sein als heute und dann weiter deutlich abnehmen. Die Zahl der Kinder und Jugendlichen im Betreuungs- und Schulalter geht ebenso zurück wie die der jungen Menschen im Auszubildendenalter. Im ausbildungsrelevanten Alter von 16 bis unter 20 Jahren sind heute knapp 4 Millionen junge Menschen. Schon 2012 werden es nur noch etwa drei Millionen sein.

Der Bevölkerung im Erwerbsalter werden künftig immer mehr Senioren gegenüberstehen. Im Jahr 2005 entfielen auf 100 Personen im Erwerbsalter (20 bis unter 65 Jahre) 32 Ältere (65 oder mehr Jahre). Im Jahr 2030 wird dieser Altersquotient bei 50 beziehungsweise 52 und im Jahr 2050 bei 60 beziehungsweise 64 liegen.«

Variante 1-W2: »mittlere« Bevölkerung, Obergrenze meint: Geburtenhäufigkeit annähernd konstant bei 1,4 Kinder je Frau, Basisannahme zur Lebenserwartung, jährlicher Wanderungssaldo von 200 000 Personen pro Jahr.
Die Basisannahme zur Lebenserwartung geht von einer Lebenserwartung neugeborener Jungen im Jahr 2050 von 83,5 Jahren aus, der neugeborener Mädchen von 88,0 Jahren.

8 Quelle Bundesamt für Statistik: Bevölkerungsentwicklung Deutschlands bis 2050, November 2006, S. 5-6.

Der Kampf der Städte und Kommunen um die Bevölkerungszahlen wird künftig verschärft durch den Kampf um junge, gut ausgebildete Arbeitskräfte.

Gemeinden, die bereits heute nur mit Mühe junge Menschen erreichen, müssen sich verstärkt um ihre Zukunft Sorgen machen, da der Rückgang von Gemeinden häufig damit beginnt, dass die junge Generation nicht mehr erreicht wird. Nach unseren Erfahrungen zeigt der schleichende Tod von Gemeinden häufig folgende Symptome:

▶ Es werden keine neuen jungen Leute oder
  Familien mehr erreicht.
▶ Die Angebote für Kinder und Jugendliche werden reduziert.
▶ Die Anzahl der Mitarbeiter verringert sich,
  insbesondere der Leiter.
▶ Die anfallende Arbeit muss von weniger Personen
  bewältigt werden.
▶ Die Mitgliederzahl geht insgesamt zurück.
▶ Die Finanzen gehen aufgrund von Sterbefällen stetig zurück.
▶ Die Anzahl hauptamtlicher Mitarbeiter wird aufgrund
  der Finanzen verkleinert.
▶ Das Gemeindeprogramm wird sukzessive zurückgefahren.

Besonders Gemeinden mit einem Durchschnittsalter von heute über 55 Jahren und einer unterdurchschnittlichen Mitgliederzahl von unter 80 werden sich fragen müssen, was sie dafür tun, damit ihre Gemeinde auch in zehn Jahren noch existiert und in ihrer Stadt Menschen mit der Guten Nachricht von Jesus Christus erreicht werden.

Das Thema Stagnation und Rückgang von Mitgliederzahlen betrifft alle wichtigen Kirchen und Freikirchen.

Fazit: Das Thema Stagnation und Rückgang von Mitgliederzahlen betrifft alle wichtigen Kirchen und Freikirchen, wenn auch in sehr unterschiedlichem Ausmaß. In Zukunft wird sich insbesondere das Werben um die jüngere Generation verstärken, aber auch der Bevölkerungsrückgang in Deutschland spürbar sein.

Auch wenn wir in unserem Buch keine sicheren Tipps zur Rettung sterbender Gemeinden geben können, lässt sich eines aber mit Sicherheit sagen: Ohne lauten Weckruf hinein in die Christenheit Deutschlands, ohne eine genaue geistliche Analyse der Situation unserer Gemeinden und ohne entschlossenes missionarisches Handeln der Verantwortlichen wird der Rückgang und das Sterben der Gemeinden sich beschleunigen.

FRAGEN UND AUFGABEN ZUM WEITERDENKEN:

1. Wie lässt sich die Entwicklung in unserer Gemeinde beschreiben: Wachstum, Stagnation oder Rückgang? Wo kann ich mir welche Informationen hierzu besorgen?
2. Wie ist die Bevölkerungsentwicklung in unserer Stadt, an unserem Ort? Wo kann ich mir welche Informationen hierzu besorgen?
3. Mit welchen Personen kann ich über meine Beobachtungen sprechen?
4. Wie kann die Gemeinde angemessen über die Situation informiert werden?
5. Bin ich / sind wir bereit, uns auch unangenehmen Tatsachen zu stellen?
6. Wie kann es uns gelingen, auch über negative Fakten so zu sprechen, dass sie für niemanden verletzend sind?
7. Legen Sie zusammen mit Ihrer Gemeindeleitung einen Plan fest, wann Sie sich ausreichend Zeit nehmen, um das Thema »Die Entwicklung unserer Gemeinde« ausführlich zu besprechen.

II. Die sieben wichtigsten Gründe, warum Gemeinden schrumpfen und sterben

Obwohl die Entwicklung von Gemeinden sehr individuell ist und obwohl das Sterben einer Ortsgemeinde auch kein kirchengeschichtliches Gesetz ist, lassen sich doch einige Prozesse und auch Gründe beschreiben, wie das Sterben von Gemeinden vor sich geht. Schauen wir uns nun zunächst den Lebenszyklus einer Gemeinde an:

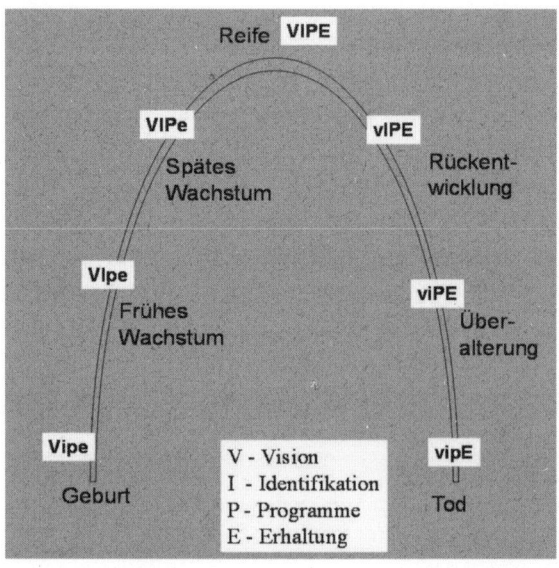

Abb. 5

Das Schaubild macht deutlich: Ob eine Gemeinde stirbt oder überlebt, entscheidet sich nicht an ihrer letzten Mitgliederversammlung, es hängt auch nicht mit einer wesentlichen Einschränkung des Gemeindeprogramms zusammen.

Wenn wir uns den Beginn einer Gemeinde anschauen, steht am Anfang nicht der erste Gottesdienst, sondern die Vision, Menschen in einem bestimmten Gebiet mit dem Evangelium zu erreichen. Wenn sich andere dieser Vision anschließen, kommt es zur Gründung einer Gemeinde und zum ersten Wachstum.

Natürlich braucht eine Gemeinde ab einer gewissen Größe auch gezielte Programme für die Altersgruppen oder auch für neue Leute, die zum Glauben finden und sich in die Gemeinde aufnehmen lassen wollen. Spätestens nach zehn Jahren haben Gemeinden eine Struktur, die für ihren Fortbestand sinnvoll und hilfreich ist. Dazu gehören meist z.B. ein klar umrissenes Leitungsgremium und auch eine Satzung. Das Sterben einer Gemeinde beginnt häufig auf dem Höhepunkt einer Gemeindeentwicklung, wenn nämlich die Vision für den eigentlichen Auftrag der Gemeinde verloren geht und deswegen die Identifikation der Mitglieder und Freunde mit der Gemeinde nachlässt.

Viele Rettungsversuche einer Gemeinde scheitern, wenn es nicht gelingt, diese beiden entscheidenden Faktoren zu verändern. Kurzfristig angelegte neue Programme allein reichen ebenso wenig wie der gute Wille einzelner hingegebener Mitarbeiter.

Stattdessen müssen die wirklichen Gründe, die zum Rückgang einer Gemeinde geführt haben, genau analysiert und gezielt angegangen werden. Wir schauen uns sieben Gründe nun genauer an:

1. Die demografische Entwicklung/ Überalterung der Gemeinde

Dass die demografische Entwicklung Einfluss auf die Gemeinden hat und haben wird, ist bereits dargelegt worden. Erstaunlich ist dennoch, dass es immer wieder Gemeinden gibt, denen es gelingt, gegen den Trend in ihrer direkten Umgebung zu wachsen. Meist haben diese Gemeinden sich mit den Veränderungen auseinandergesetzt, die ein Bevölkerungsrückgang in vielen Gegenden mit sich bringt:

- ▶ wenig Angebote für Kinder, Jugendliche und junge Familien;
- ▶ sozial schwächere Familien und Singles ziehen in die Umgebung, während wohlhabendere Gemeindemitglieder wegziehen;
- ▶ steigender Bevölkerungsanteil mit Migrationshintergrund.

Gemeinden, die die demografischen Veränderungen nicht verschlafen wollen, sollten sowohl spezielle Angebote für ihren Stadtteil machen als auch für die Kinder, Jugendlichen und jungen Familien ihrer Gemeinden. Voraussetzung hierfür ist ein gutes Miteinander der Generationen und die Bereitschaft insbesondere der älteren Generation, nicht die eigenen Bedürfnisse in den Vordergrund zu stellen, sondern die Glaubensentwicklung der jungen Generationen zu fördern.

Darüber hinaus stellen natürlich auch ältere Menschen eine wachsende missionarische Zielgruppe dar. Dies sollte gezielter als bisher genutzt werden. Uns sind kaum überzeugende Konzepte und Modelle in dieser Hinsicht bekannt.

2. Zerstörerische Konflikte

Während Konflikte in jeder Gemeinde vorkommen, gerade auch in den dynamisch wachsenden Gemeinden, zeichnen sich stagnierende und schrumpfende Gemeinden dadurch aus, dass Konflikte nicht produktiv genutzt werden, sondern eine lähmende und zerstörerische Wirkung haben. Zerstörerisch werden Konflikte in Gemeinden immer dann, wenn nicht Sachfragen, sondern Machtfragen und persönliche Animositäten eine große Rolle spielen. Wir streiten oftmals nicht um die richtigen Themen und auch nicht mit den richtigen sachlichen und geistlichen Mitteln. An dieser Stelle wird manchen Gemeinden auch ihre starke Beziehungs- und Familienorientierung zum Verhängnis.

Persönliche Verletzungen werden häufig nach dem Motto behandelt: »Was du einem meiner Angehörigen angetan hast, das nehme ich dir persönlich übel.« Solch eine Einstellung trägt nicht zur Versachlichung bei, sondern zur Eskalation. Nicht weniger tragisch ist es, wenn es bei Konflikten nicht zur Solidarisierung, sondern zur Trennung innerhalb von Familien kommt und z.B. Eltern und Kinder künftig getrennte Wege gehen. Auch dies ist ein Armutszeugnis für die Gemeinde. Zumindest sollte hier versucht werden, die familiären Beziehungen weiter zu pflegen.

Erstaunlich ist leider auch das Elefantengedächtnis, das manche Christen bei Konflikten entwickeln. Dies führt dazu, dass Konflikte, die zehn Jahre zurückliegen und eigentlich beigelegt waren, bei einer neuen Sachfrage blitzschnell neu aufgewärmt werden – guten Appetit!

Gerade in Traditionsgemeinden, in denen Mitglieder eine längere Geschichte miteinander haben, brauchen wir mehr herzliche und nachhaltige Vergebung. Der Apostel Paulus mahnt die Gemeinde in Kolossä zu Recht (Kolosser 3,13-15):

> *»Ertragt einander! Seid nicht nachtragend, wenn euch jemand Unrecht getan hat, sondern vergebt einander, so wie der Herr euch vergeben hat. Und über das alles zieht die Liebe an, die alles andere in sich umfasst. Sie ist das Band, das euch zu vollkommener Einheit zusammenschließt. Der Frieden, den Christus schenkt, soll euer ganzes Denken und Tun bestimmen. In diesen Frieden hat Gott euch alle miteinander gerufen, denn ihr seid ja durch Christus ein Leib. Dankt Gott dafür!«*

Manchmal kann es besser sein, wenn langjährige Ruhestörer die Gemeinde verlassen. Trotzdem bleiben wir als Christen aufgerufen, den Frieden miteinander zu suchen. Gerade kleineren und rückläufigen Gemeinden muss auch klar sein, dass zerstörerische Konflikte die Existenz der Gemeinde infrage stellen. Nur da, wo Gemeinden sich gemeinsam auf den Weg machen, kann das Comeback gelingen. Ansonsten ist das Ende vorprogrammiert.

Nur da, wo Gemeinden sich gemeinsam auf den Weg machen, kann das Comeback gelingen.

3. Probleme in der Leitung der Gemeinde

Ein mehrfacher schneller Wechsel bei Pastoren oder auch bei ehrenamtlichen Gemeindeleitern wirkt sich in aller Regel nicht positiv
aus. Da Gemeinden vom Vertrauen leben und dieses wachsen muss,
ist Konstanz in einer Gemeindeleitung meist ein Plus – es sei denn,
es handelt sich um schwache oder unfähige Leitungspersonen. Leider haben etliche schrumpfende Gemeinden Probleme, überhaupt
Leiter zu finden. Statt offiziell berufener Gemeindeleitungen han-
gelt man sich von einer provisorischen Leitung zur nächsten. Nicht
selten hat dies mit generell fehlender Akzeptanz von Leitung zu tun.
Einige Gemeinden haben eine ausgeprägte Tradition darin, ihren
Leitern so viel Arbeit aufzuhalsen und sie ständig zu kritisieren,
dass diese in regelmäßigen Abständen die Segel streichen.

Wir müssen in unseren Gemeinden dahin kommen, dass Leiter
und Leitung Wertschätzung erfahren und nicht einer Dauerkritik
ausgesetzt sind. Natürlich ist dabei eine konstruktiv-kritische Auseinandersetzung immer möglich, sie sollte aber von Wohlwollen
und Gebet begleitet sein (1. Timotheus 5,17; Hebräer 13,17-18).
Ansonsten muss man sich nicht wundern, dass es an ausreichend
begabten und einsatzwilligen Leitern fehlt.

Die Konsequenz daraus darf allerdings nicht sein, bei den geistlichen und charakterlichen Anforderungen für Mitglieder der Gemeindeleitung Abstriche zu machen. Dies wirkt sich in der Regel
schon nach kurzer Zeit negativ aus.

Gemeinden müssen darum unbedingt folgende Fragen zum Thema Leitung für sich klären:

a) Wer sollte Leitungsverantwortung tragen?
b) Was sollte eine Gemeindeleitung tun?
c) Wie wertet die Gemeindeleitung die Effizienz ihrer Leitung aus?

a) Wer sollte Leitungsverantwortung tragen?

Bei der Berufung von Leitern wird in der Gemeinde leider nicht immer nach geistlicher Lebensführung und Begabung gefragt, sondern nach eigentlich unangemessenen Kriterien ausgewählt:

▶ Eine bestimmte Zahl von Leitungspersonen ist in der Satzung festgeschrieben. Aus diesem Grund werden auch Personen in die Gemeindeleitung gewählt, die leider kein Leitungspotenzial oder – noch schlimmer – nicht die persönliche und geistliche Reife dafür haben. Hauptsache, die satzungsgemäße Zahl von Gemeindeleitern wird erreicht. Besser wäre es, zwei Stellen offenzuhalten, als sie mit Menschen zu besetzen, die offensichtlich nicht geeignet sind. Denn zum einen wird so verhindert, dass weiter nach geeigneten Personen Ausschau gehalten wird. Zum anderen behindern sie eventuell die fähigen Leute im Leitungskreis.

▶ Man wählt bestimmte Personen aufgrund ihrer Beliebtheit in die Gemeindeleitung. Natürlich ist es grundsätzlich nicht verkehrt, wenn Leiter beliebt sind und damit auch Vertrauen genießen. Gelegentlich beruht diese Beliebtheit allerdings auch auf der fehlenden Bereitschaft, unangenehme Themen anzusprechen oder Konflikte auszutragen. Beides ist aber wichtig für Leiter in rückläufigen Gemeinden. Beliebtheit allein qualifiziert darum nicht für eine Leitungsaufgabe.

▶ Man wählt bestimmte Personen aufgrund ihrer langjährigen Mitgliedschaft in der Gemeinde in die Gemeindeleitung. In einigen Gemeinden wird der Vorschlag für oder die Wahl in die Gemeindeleitung als ein Dankeschön für treue Mitarbeit und Unterstützung der Gemeinde verstanden. Nach dem Motto: Er hat sich so lange schon mit so viel Mühe in der Gemeinde eingesetzt – jetzt belohnen wir ihn einmal, indem wir ihn in die Gemeindeleitung wählen. Aber auch hier gilt: Treue Mitarbeit allein qualifiziert noch nicht für die Arbeit in einer Gemeindeleitung. Wer Mitarbeiter belohnen will, sollte sie loben, ihnen einen Blumenstrauß schenken oder eine Fortbildung ermöglichen, aber sie nicht aus diesem Grund in die Gemeindeleitung wählen.

▶ Man wählt bestimmte Personen in die Gemeindeleitung, um sie in die Gemeinde zu integrieren. Beim Nachdenken darüber, wer die Begabung, Zeit und Kraft hat, um in der Gemeindeleitung mitzuarbeiten, stößt man auf Menschen, die zwar begabt sind und Zeit haben, aber sich bisher noch nicht stark in die Gemeinde einbringen. Wäre es nicht ein guter Gedanke, diese Person durch die Wahl in die Gemeindeleitung stärker in die Gemeinde zu integrieren, vielleicht sogar die ganze Familie? Aber Vorsicht, man sollte genau prüfen, warum die Person sich bisher nicht in die Gemeinde eingebracht hat: Gibt es z.B. einen nicht geklärten Konflikt mit einer anderen Person, oder ist sie mit der Ausrichtung der Gemeinde nicht zufrieden? Die Gefahr ist groß, dass es in der Zusammenarbeit in der Gemeindeleitung plötzlich unliebsame Überraschungen gibt. Nicht umsonst warnt Paulus davor, Neulinge in der Gemeinde zu schnell zu Leitern zu befördern (1. Timotheus 3,6).

> Gerade Gemeinden, die stagnieren oder rückläufig sind, müssen also unbedingt an der Qualität ihrer Leitung arbeiten!

Gerade Gemeinden, die stagnieren oder rückläufig sind, müssen also unbedingt an der Qualität ihrer Leitung arbeiten! Angelehnt an die biblischen Texte zum Anforderungsprofil für Gemeindeleiter (1. Timotheus 3; Titus 1) lassen sich u.a. folgende Voraussetzungen für Gemeindeleiter erkennen:

▶ *Unterstützung der Gemeindelehre und -werte*
Auch wenn nicht jedes Mitglied der Gemeindeleitung ein ausgewiesener Theologe sein muss, sollte ein Kandidat begründen können, wie er zur Bibel steht, wie er Gemeinde versteht und warum er gerade in dieser speziellen Gemeinde leitend mitarbeiten will. Es ist wichtig, auch theologische Fragen anzusprechen, weil unterschiedliche Prägungen (brüdergemeindlich, pfingstlich, baptistisch, landeskirchlich etc.) auch bei jeweils biblischen Begründungen zu enormen Spannungen führen können. Darum muss man vorher genau prüfen, worauf man sich einlässt.

► *Loyalität zur Gemeindeleitung (inklusive Pastor)*

Loyalität zur bisherigen Gemeindeleitung bedeutet nicht, dass man alle Auffassungen teilt. Loyal sein bedeutet aber, die Person und Bemühungen des anderen zu schätzen, sich nicht auf seine Kosten zu profilieren und ihn vor unangemessener Kritik Dritter zu schützen. Gegenseitige Loyalität in der Gemeindeleitung ist eine Grundvoraussetzung für vertrauensvolle Zusammenarbeit.

► *Teamfähigkeit*

Im Reich Gottes gibt es immer wieder Individualisten, die sich aber nur schwer in ein Team einbinden lassen. Gemeindeleitung ist aber Teamarbeit. Hier muss man das Ganze der Gemeinde im Blick behalten und nicht nur das persönliche Spezialgebiet. Hier sind Kompromisse bei unterschiedlichen Positionen zu finden und einzuhalten. Wer dazu nicht bereit oder in der Lage ist, sollte nicht in das Team Gemeindeleitung gewählt werden.

► *Unterstützung durch den Ehepartner*

Gemeindeleitungsarbeit ist zeitraubend, manchmal belastend und in jedem Fall eine große geistliche Herausforderung. Darum ist es bei verheirateten Gemeindmitgliedern niemals die Entscheidung nur der direkt betroffenen Personen, sondern eine gemeinsame Entscheidung mit dem Ehepartner, ob man sich solch einer Herausforderung stellt. Leider scheitern manche Berufungen gerade jüngerer Leute daran, dass Ehe und Familie einen so hohen zeitlichen Stellenwert bekommen, dass nichts anderes danebenpasst. Dies ist ein Verlust für die Gemeinde, häufig aber auch für die Ehepaare, die solch eine Berufung ablehnen. Denn wer sich von Gott fordern lässt, der bekommt dies oft vielfach zurückgezahlt (Matthäus 19,27ff).

Ganz anders ist die Fragestellung jedoch, wenn der Ehepartner nicht Mitglied der Gemeinde ist oder vielleicht nicht einmal Christ. Was bedeutet es dann, seinem eigenen Haus gut vorzustehen (1. Timotheus 3,5)? Manche Christen haben daraus geschlossen, dass ein Leitungsamt in der Gemeinde dann ausgeschlossen ist. Dies sagt der Bibelabschnitt so aber nicht aus. In der missionarischen Situation damals wie heute wird es immer wieder den Fall geben, dass sich bei einem Ehepaar nur ein Partner für Jesus Christus entscheidet. Wenn dieser die geistlichen Voraussetzungen erfüllt und Leitungsbegabung mitbringt, ist eine Leitungsaufgabe in der Gemeinde nicht ausgeschlossen. Auch hier kann die Übernahme der Aufgabe nur mit Zustimmung des Ehepartners erfolgen.

Erschreckend ist, wie viele Leiter und Leiterinnen in ihrer Ehe nicht die Unterstützung und die geistliche Gemeinschaft erfahren, die sie brauchen und die gerade in 1. Timotheus 3 und Titus 3 vorausgesetzt werden. Diese mangelnde geistliche Gemeinschaft in der engsten Lebensbeziehung ist häufig ein wichtiger Grund für die herrschende geistliche Kraftlosigkeit.

▶ *Zukunfts- vor Vergangenheitsorientierung*
In vielen Gemeinden wird von den Leitern vorwiegend eine Hirtenrolle erwartet (Apostelgeschichte 20,28). Sie sollen Leuten persönlich nachgehen, die Gemeinde geistlich versorgen, vor Angriffen schützen und zusammenhalten. Die Aufgaben von Gemeindeleitungen werden aber auch mit anderen Begriffen beschrieben:

a) Führen/*hegoumeno* (Apostelgeschichte 15,22; Hebräer 13,7)
   Die Grundbedeutung des Wortes ist: »vorangehen, den Weg zeigen«; von da aus ergibt sich auch die Bedeutung: »der Erste sein, die Leitung haben«. Gemeindeleitung muss nicht nur bewahren (Lehre) und das Wohl Einzelner im Blick haben, sondern auch die Sache Gottes: Mission/Evangelisation.

b) Vorstehen/*proistämi* (1. Timotheus 3,4)
   Das Verb wird in der griechischen Sprache gebraucht, um die Führungsfunktion in der Armee oder im Staat zu bezeichnen. Diese Aufgabe ist mit dem Bewachen und Beschützen der Untergebenen verbunden und beschreibt auch Managementaufgaben der damaligen Zeit.

Gerade stagnierende und rückläufige Gemeinden brauchen Leiter, die einerseits einen Blick für die Stimmung und die Situation der Gemeinde haben, andererseits aber mutig und gezielt nach vorn arbeiten, um Gottes Auftrag mit der Gemeinde zu erfüllen und die dazu nötigen Veränderungen anzugehen. Damit kommen wir zu den Aufgaben, die die Gemeindeleitung erfüllen sollte.

b) Was sollte eine Gemeindeleitung tun?

▶ *Die Gemeindeleitung hat eine geistliche Führungsaufgabe.*
Im Neuen Testament werden zwei Arten von Leitern beschrieben: Gemeindeleiter und Diakone (Apostelgeschichte 6; 1. Timotheus 3). Während Diakone praktische Leitungsaufgaben haben, z.B. die Organisation der Witwenversorgung, besteht die Aufgabe der Gemeindeleiter darin, die Gemeinde geistlich zu führen. In einigen Gemeinden gibt es hier eine strukturelle Unterscheidung zwischen Ältestenkreis und Bereichsleitern oder Diakonen, in vielen Gemeinden aber werden beide Aufgaben von einer einzigen Gemeindeleitung verantwortet. Die Tagesordnungen vieler Gemeindeleitungen verraten aber, dass sie vor lauter praktisch-organisatorischen Aufgaben häufig nicht dazu kommen, ihre geistliche Führungsaufgabe wahrzunehmen. Zu drängend scheinen manche praktischen Probleme, zu verlockend ist für viele Gemeindeleitungen die Chance, etwas schnell zu organisieren und somit vorweisen zu können, anstatt sich langwierig mit geistlichen Grundsatzfragen auseinanderzusetzen. Aus diesem Grund kommen in vielen Gemeindeleitungen das Gebet, die Beschäftigung mit Lehrinhalten der Gemeinde und die strategisch-missionarische Ausrichtung zu kurz. Eine erste wichtige Leitungsaufgabe von Gemeindeleitung besteht somit darin, sich genau diesen Freiraum zu erarbeiten.

▶ *Die Gemeindeleitung setzt Entscheidungsrichtlinien fest.*
Wenn eine Gemeindeleitung sich Freiraum für ihre geistliche Führungsaufgabe erkämpfen will, sind Entscheidungsrichtlinien für leitende Mitarbeiter eine Hilfe. Wichtig bei diesen Richtlinien ist, dass sie knapp und verständlich formuliert werden und die wesentlichen Belange regeln, z.B.:

    ▶ Wie viel Geld darf eine Gruppe eigenständig in einem Jahr ausgeben?

- Wie werden Mitarbeiter berufen?
- Wie läuft die Kommunikation zwischen Mitarbeitern und Gemeindeleitung?

Wo diese Entscheidungsrichtlinien nicht nur formuliert, sondern auch gelebt werden, führt dies zu einer dauerhaften Entlastung der Gemeindeleitung.

- *Die Gemeindeleitung bewahrt die Werte, den Auftrag und die Vision der Gemeinde.*

Bereits im Schaubild zum Lebenszyklus einer Gemeinde (S. 18) wurde deutlich, dass bei sterbenden Gemeinden nicht zuerst Programme eingestellt werden, sondern weit vorher die Werte und die Vision der Gemeinde verloren gehen. Viele Gemeinden haben für sich mittlerweile zwar Leitbilder und Aufträge erarbeitet, nicht selten handelt es sich dabei allerdings um Papiertiger, die nicht ins Herz und Leben der Gemeinde springen. Werte, Auftrag und Vision müssen durch die Gemeindeleitung immer wieder in die Gottesdienste, Gemeindeversammlungen, Programme und vor allem in die Herzen der Mitglieder transportiert werden. Dies geschieht nicht zuletzt dadurch, dass Pastor und Gemeindeleitung die Werte selber vorleben.

- *Die Gemeindeleitung achtet auf die geistliche Ausrichtung der Gemeinde.*

Folgende Fragen können herauszufinden helfen, ob eine Gemeinde geistlich gesund ist:

1. Wird die Gemeinde in den Gottesdiensten und Kleingruppen geistlich gut versorgt?
2. Wachsen die Gemeindemitglieder in ihrer Liebe zu Jesus? Praktizieren sie persönliche Bibellese und Gebet? Kümmern sie sich um ihre Nachbarn und Verwandten? Haben sie eine Liebe für verlorene Menschen?
3. Sind die Leiter und Mitarbeiter emotional und geistlich gesund? Wie können sie weiter gefördert werden?
4. Wird Gemeindemitgliedern, die in Sünde leben, liebevoll und konsequent nachgegangen?

Da mangelnde geistliche Gesundheit häufig ein Grund für den Rückgang und das Sterben von Gemeinden ist, wird darauf bei der Ursachenforschung noch ausführlicher eingegangen.

c) Wie wertet die Gemeindeleitung die Effizienz ihrer Leitung aus?

Viele Gemeindeleitungen haben es sich zur guten Gewohnheit gemacht, einmal jährlich eine Klausur für mehrere Tage durchzuführen, um einerseits konzeptionell arbeiten zu können und andererseits die Beziehungen untereinander zu pflegen. Solche Klausuren sind eine gute Gelegenheit zum Rückblick und zur Auswertung der eigenen Arbeit. Die Gemeindeleitung muss den Mut aufbringen, der tatsächlichen und nicht der erhofften Gemeindesituation ins Auge zu sehen. Sie muss immer wieder bereit sein, nötige Korrekturen in Angriff zu nehmen, auch wenn diese schmerzhaft sind. Wie eine Auswertung effektiv verlaufen kann, wird in der Toolbox S. 94ff erläutert.

4. Unangemessene Strukturen und Programme

Ein weiterer wesentlicher Grund für die negative Entwicklung von Gemeinden liegt darin, dass diese sich in Sprache, Gestalt und Programm nicht weiterentwickelt haben, sondern auf dem Stand der 70er- oder 80er-Jahre stehen geblieben sind. Welche Entwicklungen hat es seit den 80er-Jahren gegeben?

a) stärkere Betonung von meist zeitgenössischer Musik im Gottesdienst (Anbetungszeiten);

b) Einsatz moderner Kommunikationstechnik in Gottesdienst (Beamer) und Gemeindeleben (Internet);

c) Ausbau spezieller Seminarangebote für unterschiedliche Lebens- und Glaubenssituationen (Glaubensgrundkurse, Seminare für Mitgliedschaft, Eheseminare etc.);

d) Entwicklung von Jugend- und Gästegottesdiensten;

e) Einführung von Hauskreisen;

f) erlebnispädagogische Ansätze in der Kinderarbeit (Promiseland, Pfadfinderarbeit);

g) spezielle Seelsorgeangebote, z.B. in Selbsthilfegruppen.

Natürlich können und müssen gerade kleinere Gemeinden nicht auf jede gesellschaftliche Veränderung sofort eine umfassende, kompetente Antwort geben. Aber sie müssen einerseits zumindest die Lebenssituation ihrer Zeitgenossen verstehen und andererseits neuen Mitgliedern durch Beziehungen und Strukturen die Gelegenheit geben, wirklich Teil ihrer Gemeinschaft zu werden.

5. Fehlende geistliche Gesundheit

»Geistliche Gesundheit« ist ein Begriff, der eigentlich aus dem Amerikanischen stammt (»Church Health«). Kann man die geistliche Gesundheit einer Gemeinde tatsächlich messen? Ich versuche mit einer Frage zu beschreiben, worum es bei diesem Punkt geht: Entspricht die geistliche Basis und Praxis der Gemeinde noch dem Neuen Testament? Nach meiner Beobachtung haben sich viele landes- und auch freikirchliche Gemeinden in Theorie und Praxis vom neutestamentlichen Vorbild entfernt. Dies kann man nur selten in konkreten Zahlen ausdrücken, aber es lassen sich doch Kriterien aufstellen, wie u.a. ein Blick in die Sendschreiben der Offenbarung (Kapitel 2 und 3) zeigt.

Kann man die geistliche Gesundheit einer Gemeinde tatsächlich messen?

Das Problem beim Thema geistliche Gesundheit ist, dass geistlich erkrankte Gemeinden meist nicht allein in der Lage sind zu gesunden. Sie bräuchten eigentlich geistlich gesunde Menschen von außen, doch diese schließen sich meist eher anderen Gemeinden an oder gründen eine neue Gemeinde, als sich in einer alten und kranken Gemeinde zu engagieren. Hier tragen die Leitungsgremien der Kirchen und Gemeindebünde eine besondere Verantwortung, um solchen Gemeinden einerseits den Ernst ihrer Lage vor Augen zu malen und andererseits die nötige Hilfestellung zu geben.

Der große pietistische Reformator Philipp Jakob Spener hat bereits im 17. Jahrhundert sechs Vorschläge unterbreitet[9], die auch heute noch Bedeutung haben und die ich deshalb kurz erläutern möchte:

a) Das Bibelstudium intensivieren

Schon zu seiner Zeit hat Spener festgestellt, dass der Gottesdienstbesuch allein als Beschäftigung mit der Heiligen Schrift nicht ausreicht. Darum empfahl er den Glaubenden sowohl dringend die persönliche Bibellektüre als auch kleine Studierkreise, in denen die Bibel kompetent von verschiedenen Personen ausgelegt wird.

Da auch in vielen Freikirchen die Mitglieder maximal noch zu den Gottesdiensten kommen (und das meist auch nur jeden 2. Sonntag), lässt sich leider ein starker Verlust an umfassender Bibelkenntnis feststellen – oftmals sogar bis in die Leitungsebene der Gemeinden hinein. Um dauerhaft geistliche Substanz zu gewährleisten, muss es eine zentrale Aufgabe von Leitungskreisen sein, sich mit der biblischen Lehre in der Gemeinde zu beschäftigen und Wege zu finden, wie die Gemeinde effektiv unterrichtet wird.

b) Das allgemeine Priestertum neu entdecken

Spener kritisierte einerseits den Papst für die Unterdrückung der Laien in der römisch-katholischen Kirche, andererseits beobachtete er auch, dass sich viele Christen träge zurückgezogen hatten und das Glaubensgeschäft dem geistlichen Stand überließen. Aus diesem Grund ermahnt Spener: »Denn jeder Christ ist dazu angehalten, nicht nur selbst für sich und die Seinen Gebet, Danksagung, gutes Werk, Almosen usw. zu opfern, sondern in dem Wort des Herrn emsig zu studieren.«[10]

Gerade in stagnierenden Gemeinden besteht die Gefahr, zu viel von Pastoren und Gemeindeleitung zu erwarten, ohne ihnen die Un-

---

9 Beyreuther, Erich (Hrsg.): Umkehr in die Zukunft – Pia desideria, S. 55ff und Evangelisches Lexikon für Theologie und Gemeinde zu Philipp Jakob Spener
10 Beyreuther, Erich, S. 60

terstützung zu geben, die sie bräuchten. Wo aber eine Gemeinde neu aufbrechen will, muss klar sein, dass alle gefordert sind. Pastoren sollten darum weder ihre theologische Ausbildung noch ihre pastoralen Erfahrungen zu stark betonen, da dies entmutigend auf andere Gemeindemitglieder wirken kann. Wo theologische und geistliche Kompetenz vorhanden ist, wird sie sich natürlich im Gemeindealltag zeigen.

c) Eine erkennbar christliche Lebensführung fördern (Heiligung)

Das Motto Speners lautete: »Keine Gelegenheit versäumen, dem Nächsten Gutes zu tun.« Spener war also darauf bedacht, dass Christen aktiv das Gute für andere und damit auch für die Gesellschaft suchen. Viele rückläufige Gemeinden stehen dagegen in der Gefahr, sich hauptsächlich auf sich selbst zurückzuziehen; die Frage »Was würde unserem Ort fehlen, wenn es unsere Gemeinde nicht mehr gäbe?« können sie nicht beantworten. Erfreulich ist, dass viele Gemeinden auch in schwierigen sozialen Situationen ihre diakonische Verantwortung neu entdecken und wahrnehmen. Dies ist aus meiner Sicht ein Hoffnungszeichen.

Neben diesem praktischen Einsatz für andere Menschen spielte bei Spener auch die persönliche, geistliche Lebensführung (Heiligung) eine hervorgehobene Rolle, durch die andere Menschen für den Glauben gewonnen werden sollten. Eine Verkündigung, die nicht zu einem veränderten Lebensstil ermutigt und herausfordert, führt zu einer Verflachung des geistlichen Lebens, wie die evangelische Landeskirche sie in großen Teilen erlebt hat. Leider haben manche freikirchliche Gemeinden aus Angst vor einer zerstörerischen Gesetzlichkeit quasi aufgehört, die lebensverändernde Kraft des Evangeliums zu predigen. Dies widerspricht aber nicht nur der pietistischen Tradition, aus der die Freikirchen entstanden sind, sondern vor allem auch dem neutestamentlichen Zeugnis. Ich stimme James W. Thompson zu, der Paulus eine Theologie der Transformation zuschreibt, die er aus dessen Briefen ableitet. Nach Thompson stellt die Rechtfertigungslehre die Grundlage dar, auf der die Theologie der Transformation aufbaut.[11] Dienst in der Gemeinde definiert Thompson als »*Teilhabe an Gottes Arbeit der Transformation der Gemeinschaft der Glaubenden, bis sie ›fleckenlos‹ ist am Tag der Wiederkunft Christi*«.

Gerade in unserer postmodernen Zeit, in der viele Menschen immer weniger vom christlichen Glauben wissen, ist es wichtig, den Glauben ganz konkret vorzuleben.

d) Liebevoll um Andersgläubige werben

Die Zeit Speners war einerseits von starken Auseinandersetzungen der Protestanten mit den Katholiken geprägt, andererseits gab es auch innerhalb des Protestantismus zwischen Lutheranern und Reformierten heftigste Auseinandersetzungen.

Spener hat dazu geraten, Andersdenkende nicht nur durch scharfe Argumente zu überzeugen, sondern sie durch Gebete, gutes Vorbild und liebevolle Begegnungen zu gewinnen. Wer sich die evangelikale Streitkultur in den einschlägigen Zeitschriften und auch in den Gemeinden anschaut, mag den Eindruck haben, dass der Vater des Pietismus zu diesem Thema noch nie betrachtet worden ist. Dies ist einerseits ein trauriges Zeugnis für Menschen außerhalb der Gemeinde, andererseits aber auch lebensbedrohlich für Gemeinden selbst. Langjährig stagnierende Gemeinden, die unnötige Konflikte führen, sollten sich darüber im Klaren sein, dass sie damit ihre Existenz gefährden. Gemeinden mit einer Größe von ca. 100 Mitgliedern, die einen Konflikt führen, der eine Abspaltung von 20 Personen zur Folge hat, riskieren den Arbeitsplatz ihres Pastors und eine dauerhafte Negativentwicklung der Gemeinde. Gemeinden mit ca. 50 Mitgliedern, die einen Konflikt führen, der eine Abspaltung von 10 Personen zur Folge hat, riskieren ihre Existenz. Das bedeutet nicht, dass Konflikte unter allen Umständen zu vermeiden wären und alles unter dem vermeintlichen Denkmäntelchen der Liebe gehalten werden müsste. Aber bei jedem Konflikt müssen mindestens

---

11 Thompson, S. 20

zwei Fragen beantwortet werden: Ist es das Konfliktthema wert, dass wir dafür die Existenz der Gemeinde aufs Spiel setzen? Was können wir dafür tun, dass der Konflikt in einer angemessenen und konstruktiven Weise ausgetragen wird?

Wer die Apostelgeschichte liest, stellt fest, dass bereits die ersten Christen heftig miteinander gestritten haben. Erstaunlich an ihrer Konfliktkultur ist: Es gelang ihnen, ihre Konflikte so zu lösen, dass die Ausbreitung des Evangeliums immer mehr voranschritt (Apostelgeschichte 5,11-12; 6,7; 15,30-34). Selbst der heftige und unnötige Streit zwischen Paulus und Barnabas führte nicht dazu, dass die Mission eingeschränkt wurde. Beide marschierten und missionierten an unterschiedlichen Stellen weiter (Apostelgeschichte 15,39-41) und versöhnten sich offenbar später wieder.

> Gerade stagnierende Gemeinden müssen die geistliche Dimension von Konflikten im Auge behalten.

Gerade stagnierende Gemeinden müssen die geistliche Dimension von Konflikten im Auge behalten und in jedem Fall ihren missionarischen Auftrag verfolgen.

e) Reform des Theologiestudiums

Viele evangelikale Ausbildungsstätten sind aufgrund der Veränderungen im Bildungssektor auf nationaler und europäischer Ebene darum bemüht, ihre Ausbildungsgänge staatlich anerkennen zu lassen. Diese Anerkennung eröffnet neue Möglichkeiten für Kooperationen mit staatlichen Einrichtungen, aber auch neue Möglichkeiten für den individuellen Bildungs- und Berufsweg. Das ist in jedem Fall zu begrüßen. Verständlich ist es darum auch, dass junge Bewerber sich bereits bei der Bewerbung nach solcher Anerkennung erkundigen und Ausbildungsstätten viel Zeit, Mühe und auch Geld in die notwendigen Anerkennungsprozesse stecken. Auf der anderen Seite darf nicht vernachlässigt werden, dass es im späteren Dienst sehr stark auf die geistliche Persönlichkeit ankommen wird. Junge Leute, die sich an theologischen Ausbildungsstätten bewerben, bringen hier oft weniger Voraussetzungen mit als vor zwanzig Jahren. Nach eigenen Aussagen haben manche Studenten es zu Beginn ihres Studiums z.B. noch nicht gelernt, ein regelmäßiges Gebetsleben zu führen und das persönliche Bibelstudium zu pflegen. Hier ist Hilfe nötig!

Das Gleiche gilt auch für die Leitungsbegabung. Junge Menschen müssen nicht nur akademisch, sondern auch zur Leitungsverantwortung herausgefordert werden. Insbesondere die Belastungen, die sich durch die langfristige, verantwortliche Leitung einer Gruppe oder Gemeinde ergeben, müssen eingeübt werden. Denn sonst wird zum Dienstbeginn die plötzliche Last der Verantwortung junge Leiter zu sehr auslaugen und entmutigen. Hier haben nicht nur theologische Ausbildungsstätten, sondern auch die Ortsgemeinden eine besondere Aufgabe, wenn sie junge Menschen in den vollzeitlichen Dienst aussenden. Gemeinden, die gute geistliche Leiter für die Zukunft erwarten, müssen hier auch investieren.

f) Die Predigt missionarisch-seelsorgerlich ausrichten

Zur Zeit Speners schien die Herausforderung der Predigt vor allem darin zu bestehen, dass die Verkündigung wirklich die Menschen erreicht und sie nicht aufgrund des intellektuellen Niveaus abhängt. Aufgrund des insgesamt gestiegenen Bildungsniveaus scheint mir das nicht die größte Herausforderung für Prediger zu sein. Dennoch stellt sich für viele die Frage nach dem Ziel ihrer Predigt: Soll sie evangelistisch oder vertiefend sein, soll praktische Lebenshilfe oder ein Bibeltext im Vordergrund stehen? Predigen muss sich zwischen zwei Welten bewegen: a) der Welt der Bibel und der göttlichen Wahrheit und b) der Alltagswelt, in der wir leben. Wenn es dem Prediger nicht gelingt, die Brücke zwischen beiden zu schlagen, können Gemeinden geistlich kaum wachsen. Der Prediger muss darum einerseits in seinem Dienst genügend Zeit für gründliche biblisch-theologische Arbeit erhalten. Andererseits muss er sich auch selbst darum bemühen, die Welt seiner Gemeindemitglieder wahrzunehmen: durch Besuche, persönliche Gespräche, Zeitungslektüre etc. Gemeindeleitungen sollten ihren Predigern auf diesem Weg die Rückmeldungen und Hilfestellung geben, die sie brauchen.

6. Mangelnde missionarische Begeisterung

Gemeinden, die langfristig stagnieren oder rückläufig sind, brauchen neue missionarische Begeisterung. Dies ist auch unter Freikirchen längst nicht mehr selbstverständlich. Das Motto »Jeder Baptist ein Missionar« lebt nicht mehr wirklich, die missionarische Energie der Wesley-Brüder ist bei den Methodisten heute kaum zu verspüren, und die Freien evangelischen Gemeinden wachsen genau wie die Pfingstgemeinden vor allem als Sammelbewegung. Als die Bundesleitung der Freien evangelischen Gemeinden im Jahr 2005 die Vision verabschiedete, in 10 Jahren 100 neue Gemeinden gründen zu wollen, löste diese manche Fragen aus:

▶ Warum wird immer Evangelisation
  und Gemeindegründung in den Vordergrund gestellt?
▶ Was ist mit alten Gemeinden?
▶ Was ist mit der gesellschaftlichen Verantwortung der Christen?
▶ Darf eine Bundesleitung so etwas überhaupt
  für die Gemeinden verabschieden?

Auch wenn mancher Einwand eine berechtigte Sorge widerspiegelt, zeigt diese Diskussion auch, dass Evangelisation meist kein Topthema unter Christen ist.

Sind wir bereit, Veränderungen zu akzeptieren, damit neue Menschen zu Jesus finden und auch die Gemeinde Zukunft hat?

Bei rückläufigen und damit meist überalterten Gemeinden hören wir oft die Sorge älterer Gemeindemitglieder: Wer kümmert sich um uns, wenn wir jetzt nur noch von Evangelisation reden? Bei allem Verständnis dafür, dass auch ältere Gemeindemitglieder Begleitung brauchen und ihre geistliche Heimat behalten sollen, müssen sie sich die Alternativen klar vor Augen führen: Wollen wir, dass alles bleibt, wie es ist, und wir als Gemeinde mehr und mehr schrumpfen, bis der Letzte das Licht ausmacht – oder sind wir bereit, Veränderungen zu akzeptieren, damit neue Menschen zu Jesus finden und auch die Gemeinde Zukunft hat?

Unabhängig vom Wie brauchen Gemeinden, die wieder wachsen wollen, also eine klare Priorität für Evangelisation. Und genauso brauchen Gemeindebünde, die wachsen wollen, eine klare Strategie für Gemeindegründung. Dazu werden mutige Leiter benötigt, die für diese Themen kämpfen und sich von Gegenwind nicht entmutigen lassen.

7. Räumlichkeiten und Finanzen

Zu den Gründen, die zur Stagnation und zum Rückgang bei Gemeinden führen können, gehört auch der unangemessene Umgang mit Räumen und Finanzen. Der häufigste Fehler, den Gemeinden hier machen, besteht darin, dass Gemeinden nicht weitsichtig genug, sondern zu spät reagieren, wenn es darum geht, Räume und Finanzen an veränderte Situationen anzupassen.

Beginnen wir mit dem Gemeindehaus. Manche Gemeinden schleppen ein viel zu großes und sanierungsbedürftiges Gemeindehaus mit in ihre Zukunft, das längst nicht mehr attraktiv ist, sondern den Charme vergangener Jahrzehnte ausstrahlt, meist hohe Energiekosten verursacht und ständig repariert werden muss. Das Thema Gemeindehaus frisst einen Großteil der finanziellen und zeitlichen Ressourcen von Gemeindeleitung und Gemeinde. Eine Gemeinde im Ruhrgebiet hat daraus die Konsequenzen gezogen und ihr altes, sanierungsbedürftiges Gemeindehaus verkauft. Sie trifft sich nun in einer öffentlichen Schule. Daraus ergeben sich gleich mehrere Vorteile:

a) Eine zeit-, geld- und kraftraubende Grundsanierung des Gemeindehauses wurde umgangen.

b) Die Gemeinde trifft sich nun in einer öffentlichen Schule und hat dadurch neue Kontakte knüpfen können. Die Aula der Schule wirkt viel einladender als der alte, muffige Gemeindesaal.

c) Das Geld für den Verkauf von Grundstück und Haus konnte so angelegt werden, dass auch künftig eine volle Pastorenstelle und damit ein missionarisches Profil der Gemeindearbeit gewährleistet ist.

Auf unsere Frage, ob der jeweils 45-minütige Auf- und Abbau vor und nach dem Gottesdienst nicht sehr kräftezehrend sei, wandte der Pastor ein, dass die ständigen Appelle im alten Gemeindehaus, einen Putzdienst zu organisieren und wenigstens die nötigsten Renovierungsarbeiten voranzutreiben, viel anstrengender und nerviger gewesen seien.

Michael Frost und Alan Hirsch weisen zu Recht darauf hin, dass die Christen in den ersten Jahrhunderten völlig ohne Gemeindehäuser ausgekommen sind und doch missionarisch sehr aktiv und wirkungsvoll waren. Mit der Nutzung säkularer Räume haben sie und andere durchaus positive missionarische Erfahrungen gemacht.[12]

FRAGEN UND AUFGABEN ZUM WEITERDENKEN

1. Wo steht unsere Gemeinde auf dem Lebenszyklus? Sind wir uns in der Beurteilung als Gemeindeleitung einig?
2. Welche Gründe waren entscheidend für die rückläufige Entwicklung der Gemeinde? (Die 7 angeführten Gründe nach der Bedeutung für die eigene Gemeindesituation sortieren!)
3. Wie könnte ein Prozess aussehen, in dem wir die wichtigsten Punkte aufarbeiten? Welche beiden Themen müssen besonders dringend angegangen werden? Wie viel Zeit werden wir brauchen?
4. Welche Personen aus unserer Gemeinde sollten an diesem Prozess beteiligt sein?
5. Welche Hilfe von außen werden wir benötigen (Verband, Kirchenleitung, Experten)?

---

12 Frost und Hirsch, S. 26.34 und S. 54f

III. Raus aus dem Abwärtsstrudel

1. Den Tatsachen ins Gesicht sehen

Abb. 6

Jim Collins warnt in seinem Buch »Der Weg zu den Besten«[13] anhand des Beispiels eines ranghohen US-Offiziers im Vietnamkrieg vor falschem Optimismus. Jim Stockdale war acht Jahre – von 1965 bis 1973 – in Kriegsgefangenschaft und musste in dieser Zeit unglaubliche Foltern ertragen. Er hatte keine Kriegsgefangenenrechte und wusste nicht, ob er je seine Familie wiedersehen würde. Ähnlich wie Victor E. Frankl im Konzentrationslager verlor er jedoch nie den Glauben daran, dass er die Qualen und den ganzen Kriegswahnsinn überstehen und nach Hause kommen würde. Unter anderem entwickelte er für seine Mitgefangenen ein internes Kommunikationssystem aus Klopfzeichen, um ihnen Mut zu machen und die Isolation besser zu verkraften. Gleichzeitig warnte er sie vor falschem Optimismus. Die Kameraden, die sich immer wieder sagten: »Weihnachten bin ich zu Hause«, und auch Ostern noch in Gefangenschaft schmorten, zerbrachen letztlich an ihren immer wieder enttäuschten Illusionen.

Jim Stockdale war der Ansicht, dass man sich mit den brutalen Fakten der momentanen Situation auseinandersetzen muss, auch wenn man an ein gutes Ende glaubt. Diese Haltung vermittelte er seinen Mitgefangenen. So verhalf er anderen und sich selbst zu ei-

---

13 Jim Collins, Der Weg zu den Besten. Die sieben Management-Prinzipien für dauerhaften Unternehmenserfolg, 6. Auflage, München, dtv 2006

nem erfolgreichen Überlebenskampf. Die enthusiastischen Optimisten dagegen starben.

Neben falschem Optimismus besteht bei vielen Gemeinden die Gefahr, das Problem ihrer rückläufigen Entwicklung einfach zu ignorieren. Wir haben mehrfach die Erfahrung gemacht, dass Gemeinden, die statistisch belegbar seit Jahren im Bereich Mitgliederzahlen und Gottesdienstbesuch zurückgingen, sich dennoch als missionarisch wachsende Gemeinde gesehen haben, weil zwischenzeitlich einige wenige Mitglieder zur Gemeinde hinzugekommen waren. Gemeinden reagieren auf negative Entwicklungen häufig wie die drei Affen aus dem japanischen Sprichwort: »Nichts sehen, nichts hören, nichts sagen«: – Sie verschließen einfach die Augen vor dem Ernst der Lage.

Andy Stanley hat recht, wenn er davon spricht, dass der Mut, der aktuellen Realität ins Auge zu schauen, einer der drei Formen von Mut ist, die ein Leiter unbedingt braucht. Nur so kann nachhaltige Veränderung erreicht werden. Treffend benennt er die »sieben Gebote der Realität«, die unbedingt befolgt werden müssen[14]:

1. Du sollst nicht heucheln.
2. Du sollst dich den Tatsachen nicht verschließen.
3. Du sollst nicht übertreiben.
4. Du sollst den Überbringer schlechter Nachrichten nicht erschießen.
5. Du sollst dich nicht hinter Zahlen verstecken.
6. Du sollst konstruktive Kritik nicht ignorieren.
7. Du sollst dich nicht isolieren.

Schauen wir uns an, welche Werkzeuge es gibt, um die Realität einer Gemeinde genau zu erfassen:

---

14 Andy Stanley, S. 74

a) Mitglieder- und Finanzstatistiken

Fast in jedem Gemeindeverband / jeder Kirche werden Statistiken geführt, die die Mitgliederentwicklung nachhalten. Wichtig ist, solche Statistiken unter gezielten Fragestellungen zu betrachten:

▶ Wie wird unser Mitgliederstand in zehn Jahren sein, wenn sich die aktuelle Entwicklung fortschreibt?

▶ Woher kommen neue Mitglieder? Erreichen wir vorwiegend Christen aus anderen Gemeinden, oder erleben wir auch Bekehrungen von jungen Gemeindekindern und nichtchristlich sozialisierten Menschen? Gelingt es uns, sie in die Gemeinde zu integrieren?

▶ Wodurch verlieren wir Mitglieder? Es ist klar, dass Gemeinden mit hohem Altersdurchschnitt Mitglieder in verstärktem Maße durch Tod verlieren. Aber gibt es immer wieder auch Austritte? Wenn ja, warum?

Ebenso kann auch die Finanzsituation durch gezielte Fragestellungen erhellt werden. Es geht jeweils um die Frage, welche Ressourcen an Mitgliedern, Mitarbeitern und Finanzen die Gemeinde tatsächlich hat.

b) Fokusgruppen-Interviews

Gemeint ist hiermit, alle neuen Mitglieder der letzten fünf Jahre zusammenzurufen und zu befragen, um ihre Situation besser verstehen und ihre Integration in die Gemeinde fördern zu können. Da rückläufige Gemeinden häufig eher wenige neue Mitglieder haben, sollten sie diese bei der Integration wirklich aktiv unterstützen!

c) Protokolle und Gemeindebriefe

Jede Gemeinde hat Protokolle und Gemeindebriefe, aus denen sich die offizielle Geschichte einer Gemeinde erzählen lässt. Während Gemeindebriefe häufig die schöne Seite einer Gemeinde zeigen, lassen sich aus Protokollen auch die schwierigen Themen ablesen, die bei feierlichen Anlässen gern verschwiegen werden. In jedem Fall müssen sowohl Protokolle als auch Gemeindebriefe interpretiert werden, da sie zum einen meist nicht alle Informationen enthalten und sie zum anderen meist die Sicht nur einer Seite (z.B. der Gemeindeleitung) schildern.

d) Gemeinde-Zeitreise durch die Jahrzehnte

Die Gemeinde-Zeitreise ist häufig Teil einer Zukunftswerkstatt, bei der es um die künftige Ausrichtung der Gemeinde geht. Sie ist aber auch separat möglich, um die Vergangenheit der Gemeinde aufzuarbeiten. Dabei werden, nach Jahrzehnten sortiert, Höhe- und Tiefpunkte sowie wichtige persönliche Erlebnisse und gesellschaftliche Einflüsse gesammelt. Ziel ist es, auf diese Weise das Lebensgefühl und entscheidende Entwicklungen der Gemeinde zu erfassen und für die gesamte Gemeinde transparent zu machen.

e) Offizielle Daten der Stadtverwaltung

Per Internet lassen sich heute über die meisten Städte wichtige Informationen einholen:

- ▶ demografische Entwicklung
- ▶ Größe der Haushalte
- ▶ Migrantenanteil
- ▶ Arbeitslosenquote
- ▶ Anzahl der Kirchen und Freikirchen

Solche offiziellen Zahlen zeigen, in welchem sozialen Umfeld sich eine Gemeinde befindet. Gerade in Großstädten ist es auffällig, dass viele Gemeindehäuser in ihren Stadtteilen wie soziale Inseln wirken. Als sie in den 60er- oder 70er-Jahren gebaut wurden, wohnten viele Gemeindemitglieder im direkten Umfeld. Als sich die Wohnqualität des Stadtteils verschlechterte und die Einkommen der Mitglieder erhöhten, zogen sie in andere

Stadtteile. Nun kommen sie mit dem Auto ins Gemeindehaus. Diese Pendelsituation erschwert selbstverständlich die missionarische Durchdringung des Gemeindeumfeldes. Darum sind hier gezielte Maßnahmen nötig, damit eine Anbindung an den Stadtteil neu gelingt.

f) Direkte Beobachtung

Um einen aktuellen Eindruck vom Stadtteil zu gewinnen, kann ein einfacher Spaziergang mit Bleistift und Papier eine Hilfe sein. Welchen Eindruck macht der Stadtteil, wirkt er aufstrebend oder heruntergekommen? Welche Leute sehe ich: junge, alte, Familien, Singles? Passt unsere Gemeinde zu dem Rahmen, den unser Stadtteil bietet? Welche besonderen Chancen bietet der Stadtteil für die Verkündigung des Evangeliums? Was sollten wir ändern?

g) Interviews mit Passanten und Nachbarn

Das direkte Gespräch mit Passanten und Nachbarn eröffnet die Möglichkeit, durch einfache Fragen eine Außensicht der Gemeinde zu gewinnen:

- ▶ Was wissen Sie von der Gemeinde XYZ hier in der Nachbarschaft?
- ▶ Was finden Sie positiv an dieser Gemeinde?
- ▶ Was stört Sie?
- ▶ Welche Frage zum christlichen Glauben haben Sie?

Solch eine Umfrage stellt außerdem direkt einen Kontakt mit der Nachbarschaft her und könnte die Gemeindemitglieder in evangelistischer Gesprächsführung schulen!

Natürlich machen solche Analysen einer stagnierenden Gemeinde eine Menge Arbeit, und keine bestimmte Methode ist zwingend nötig. Ohne genaue Analyse der Situation wird die Gemeinde aber kaum die Dringlichkeit für grundlegende Änderungen erkennen.

2. Missionarische Perspektive gewinnen

Nach einer umfassenden Analyse müssen Gemeinden, die aus der Abwärtsspirale herauskommen wollen, unbedingt versuchen, eine neue missionarische Perspektive zu gewinnen. Natürlich gibt es keine Garantie dafür, dass rückläufige Gemeinden durch eine neue missionarische Ausrichtung wieder aufblühen, aber es gibt die Garantie, dass rückläufige Gemeinden, die sich nicht um neue missionarische Perspektiven bemühen, die Türen über kurz oder lang schließen werden!

Wie gelangt eine Gemeinde nun ganz neu zu einer missionarischen Grundeinstellung?

a) Tipps für die Leiter

> Rückläufige Gemeinden, die sich nicht um neue missionarische Perspektiven bemühen, werden über kurz oder lang die Türen schließen!

Um es vorwegzusagen: Die Herausforderungen für Leiter in dauerhaft rückläufigen Gemeinden sind vielfältig und groß. Oft gibt es nicht viele Mitarbeiter und noch weniger begabte Leiter. Entweder packen sie die Dinge an, oder aber sie bleiben liegen. Die folgenden Tipps sollen nicht dazu dienen, diesen Leitern noch mehr Druck zu machen; sie sind vielmehr eine Orientierung im Dschungel der anstehenden Herausforderungen.

▶ Die Leiter erarbeiten eine missionarische Perspektive für die ganze Gemeinde.
Weil Leiter in rückläufigen Gemeinden mit Arbeit zugeschüttet werden (viele Arbeitskreise leiden unter Mitarbeitermangel, das Gemeindehaus muss gepflegt und ältere Mitglieder wollen besucht werden), müssen sich diese Leiter gerade deshalb auf ihre Hauptaufgabe besinnen. Sie besteht darin, eine Perspektive zu erarbeiten und zu präsentieren, die die Gemeinde neu inspiriert. Dazu ist es nötig, dass Leiter sich Inspiration bei anderen Personen und Gemeinden holen und darauf achten, nicht im Gemeindealltag unterzugehen. Arbeit

an der Gemeindeperspektive ist kein Luxus, sondern das nötige Zukunftsbrot für die Gemeinde.

▶ Die Leiter geben Anteil an ihrem Leben mit Jesus.

An dieser Stelle wird es persönlich. Viele Gemeinden haben versucht, mit in Hochglanzbroschüren abgedruckten Visionen ihre Gemeinden für einen neuen Weg zu gewinnen – und sind damit gescheitert. Nicht selten lag der Grund darin, dass die Leute zwar viel Papier, aber wenig Leben gesehen haben. Auch hier gilt wieder der Grundsatz, dass Leiter nicht so sehr mit Arbeit überhäuft werden dürfen, dass sie keine Zeit haben für ihre Familie, ihre Beziehung zu Jesus und die Entwicklung einer neuen Perspektive.

▶ Leiter schneiden alte Zöpfe ab.

Diese Überlegungen führen zwangsläufig dazu, dass Leiter in rückläufigen Gemeinden überlegen sollten, welche Aufgaben sie selbst aufgeben müssen. Das gilt auch für die Gemeinde. Nur so kann verhindert werden, dass Mitarbeiter nicht ständig überlastet werden und sie Freiraum für neue Perspektiven gewinnen.

▶ Leiter achten auf ihre körperliche, emotionale und geistliche Gesundheit.

Weil der Comeback-Prozess in rückläufigen Gemeinden so anstrengend ist, passiert es immer wieder, dass Leiter gesundheitliche Probleme bekommen, ihre Ehe vernachlässigen, aufgrund der hohen Belastungen süchtig werden etc. Leiter, die in solchen Situationen dauerhaft zurechtkommen wollen, müssen sich darum selbst kennen und, wie es Paulus schon den Gemeindeleitungen in Ephesus anbefohlen hat (Apostelgeschichte 20,28), auch auf sich selbst achten. Näheres dazu auch in Kapitel 4: Als Leiter das Comeback wagen und überstehen.

b) *Tipps für die ganze Gemeinde*

Stellt die Veränderung des Leitungsstils einer rückläufigen Gemeinde bereits eine Herausforderung dar, so gilt dies erst recht für die Neuausrichtung einer ganzen Gemeinde. Viele schrumpfende Gemeinden leiden darunter, dass sie noch den guten alten Zeiten hinterherträumen, als die Gemeinde groß und attraktiv war und wuchs. Nicht wenige Gemeinden sehen sich lediglich als Opfer negativer Entwicklungen, wie z.B. des Bevölkerungsrückgangs oder eines Pastorenwechsels. Sie machen sich wenig Gedanken darüber, was sie ändern können und müssen. Aber Gemeinden, die jahrelang eine rückläufige Tendenz hatten, haben nur dann eine gute Zukunftsperspektive, wenn sie eine neue Einstellung gewinnen: die Haltung einer Missionsgemeinde in Deutschland. Entscheidend dürfen nicht der eigene Geschmack, die bisherigen Gewohnheiten und Bequemlichkeiten sein. Gemeinden, die aus langen Phasen des Rückgangs kommen, müssen:

▶ den starken Wunsch haben, als Gemeinde neu zu wachsen;
▶ leidenschaftlich für die Zukunft der Gemeinde kämpfen wollen;
▶ den Traum von einer lebendigen, missionarischen und anziehenden Gemeinde leben;
▶ bereit sein, auch schmerzhafte Veränderungen in Kauf zu nehmen;
▶ sich mehr um die Zukunft bemühen, als der Vergangenheit hinterherzutrauern.

Natürlich haben diese grundsätzlichen Veränderungen einer Gemeinde auch Auswirkungen auf jedes einzelne Gemeindemitglied.

c) Tipps für jedes Gemeindemitglied

Ein Hauptproblem rückläufiger Gemeinden besteht darin, dass viele Gemeindemitglieder aufgrund ihres langjährigen Christseins kaum noch Beziehungen außerhalb der Gemeinde haben. Dies verbreitete Phänomen wird in der nebenstehenden Kontaktpyramide (Abb. 7) dargestellt[15]. Bei langjährigen Christen ist das Potenzial gering, neue Menschen in die Gemeinde einzuladen.

---

15 Christian A. Schwarz, Grundkurs Evangelisation, C&P Verlag 1993, S. 42

Abb. 7

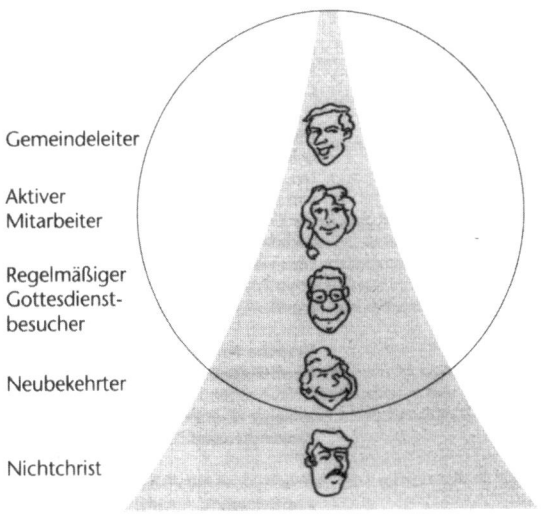

Gemeindeleiter

Aktiver
Mitarbeiter

Regelmäßiger
Gottesdienst-
besucher

Neubekehrter

Nichtchrist

Darüber hinaus sind viele Mitglieder einerseits so überlastet mit einer Fülle von Aufgaben und andererseits so entmutigt, dass sie ihre Aufgaben häufig nicht mehr mit der Qualität und Leidenschaft tun, die nötig wäre, um neue Menschen anzuziehen. Für die einzelnen Mitglieder rückläufiger Gemeinden ist darum besonders wichtig, dass:

▶ jeder neue Freundschaften außerhalb der Gemeinde aufbaut;
▶ Evangelisation als Hauptaufgabe aller gesehen wird; entscheidend sind nicht mehr die Fragen: »Wie haben wir es früher gemacht?«, oder: »Wie gefällt es mir?«, sondern: »Wie können wir neue Menschen mit dem Evangelium von Jesus Christus erreichen?«;
▶ jeder nur so viel mitarbeitet, wie er gut bewältigen kann, aber dann mit ganzer Kraft und dem Ziel von hoher Qualität;
▶ wir einander ermutigen; Kritik wird nur in konstruktiver Weise geäußert;
▶ Gemeinde nicht nur aus Arbeit besteht – wir leben und feiern auch gern miteinander.

Bei den vielen Herausforderungen, denen die Leitung, die gesamte Gemeinde und jedes einzelne Gemeindemitglied gegenübersteht, stellt sich die Frage: »Wie sollen wir das jemals alles schaffen?!«

3. Von den Verheißungen Gottes leben

Es gibt Leute, die wenig Hoffnung für alte stagnierende oder gar rückläufige Gemeinden haben. Georg Barna, Gemeindebau-Experte aus den USA, schreibt dazu: »In vielen Fällen ist es einfach verschwendete Zeit zu versuchen, eine rückläufige Gemeinde neu zu beleben.«[16] Aber er hat auch erkannt, dass es zu schaffen ist, wenn die Handelnden ein besonderes Vertrauen in Gottes Möglichkeiten mitbringen: »Wir haben herausgefunden, dass Comeback-Gemeinden hingegebener waren an Jesus als an bestimmte Abläufe oder Konzepte, mit denen sie Herausforderungen angehen.« Trotz allem berechtigten Nachdenken über Analysen und Konzepte: Ohne Gottes gnädiges Eingreifen sind umfassende Änderungen sicherlich nicht möglich. Schauen wir uns darum ein paar Verheißungen an, die gerade Comeback-Gemeinden gelten:

> *»Du bist Petrus, und auf diesen Felsen will ich meine Gemeinde bauen, und die Pforten der Hölle sollen sie nicht überwältigen.«*
> *(Matthäus 16,18)*

Jesus gibt Petrus und den anderen Jüngern die Verheißung, dass seine Gemeinde eine Zukunft hat, die selbst vom Teufel höchstpersönlich nicht infrage gestellt werden kann. Die Kirchengeschichte hat natürlich längst gezeigt, dass diese Verheißung Jesu nicht auf jede einzelne Ortsgemeinde bezogen werden kann. In vielen Gegenden der ersten Christenheit gibt es heute kaum noch Gemeinden (Beispiel Türkei). Dieses Buch ist geschrieben worden, weil wir die traurige Feststellung machen, dass viele Gemeinden um ihr Leben

---

16 Barna, S. 15/16

kämpfen oder die Türen bereits geschlossen haben. Dennoch ist es eine Ermutigung zu wissen, dass das Modell Gemeinde nicht überholt ist. Es hat Zukunft bis in alle Ewigkeit.

»Bisher habt ihr nichts in meinem Namen erbeten. Bittet, und ihr werdet es bekommen, damit eure Freude vollkommen und ungetrübt ist.« (Johannes 16,24)

Wer sich auf die Herausforderungen einer Comeback-Gemeinde mit Haut und Haaren einlässt, ist entweder verrückt oder hat großes Gottvertrauen. Am Ende seines irdischen Lebens, kurz vor seiner Passion, ermutigt Jesus seine Jünger, vertrauensvoll in seinem Namen zu beten und Großes von ihm zu erwarten. Leiter in Comeback-Gemeinden kennen die ganze Bandbreite an Herausforderungen und Leiden in dieser Situation, aber auch große Gebetserhörungen und darum große Freude. Leiter in einer Comeback-Gemeinde zu sein ist alles – aber nicht langweilig!

> Wer sich auf die Herausforderungen einer Comeback-Gemeinde mit Haut und Haaren einlässt, ist entweder verrückt oder hat großes Gottvertrauen.

»Denn ein Lobpreis seiner Herrlichkeit sollen wir sein – wir alle, die wir durch Christus von Hoffnung erfüllt sind!« (Epheser 1,12)

Obwohl die Gemeinde Jesu oft große Schwächen zeigt, hat sie die Aufgabe, Gottes Herrlichkeit sichtbar zu machen. An dieser großartigen und würdevollen Berufung hat sich bis zum heutigen Tag nichts geändert. Manchmal fragen wir uns, ob es aus Gottes Sicht nicht viel sinnvoller gewesen wäre, seine Gemeinde mit Engeln weiterzubauen. Auf die konnte er sich wenigstens verlassen, wie die Weihnachtsgeschichte (Lukas 2,8-15) zeigt: Sie waren pünktlich zur Stelle, hatten einen beeindruckenden Auftritt und sind dann wieder unauffällig verschwunden. Mit uns Menschen erlebt Gott dagegen oft Pleiten, Pech und Pannen. Dennoch hält er an seiner Berufung für uns fest. Welch eine Ehre – Gott traut seiner Gemeinde ein Comeback zu!

4. Mit schwierigen Leuten klarkommen

Christliche Gemeinden sind nicht in erster Linie für die klugen, schönen und reichen Menschen gedacht, die auch gut alleine zurechtkommen. Die Gemeinde sollte vielmehr ein gläsernes Sanatorium sein, in dem alle Kranken willkommen sind. Denn nicht die Gesunden brauchen den Arzt Jesus, sondern die Kranken (Markus 2,17). Dennoch darf es in der Gemeinde nicht dazu kommen, dass kranke oder schwierige Persönlichkeiten das Sagen haben. Gerade dies passiert in kleinen stagnierenden Gemeinden aber häufig, weil man über jeden froh ist, der mitarbeitet und bereit ist, Verantwortung zu übernehmen. Hans Georg Berg und Eva Renate Schmidt[17] weisen darauf hin, dass schwierige Personen in einer Gemeinde wichtige Funktionen übernehmen können:

► Manchmal sind sie Auslöser für nötige Veränderungen.
► Manchmal bringen sie unangenehme Wahrheiten ans Licht.
► Manchmal werden sie erst durch negative Erfahrungen in der Gemeinde zu einer schwierigen Person.
► Manchmal werden sie von der Gemeinde zur schwierigen Person gemacht, indem auf sie alles projiziert wird, was die Gemeinde selbst nicht zur Kenntnis nehmen will.

Es gibt also gute Gründe, schwierige Menschen ernst zu nehmen, ihre Kritik zu hören und alles zu tun, um eine positive Entwicklung bei ihnen zu fördern. Andererseits ist davor zu warnen, schwierigen Menschen zu viel Raum zu geben, weil sie häufig die für Veränderungen nötige Energie binden und außerdem auch durch ihre Art leicht andere Menschen verletzen. Gene Wood[18] beschreibt auf etwas humorvolle Weise sechs Arten von schwierigen Menschen – wer ehrlich ist, erkennt sich selbst in der einen oder anderen Gruppe wieder:

---

17 Berg/Schmidt, S. 136
18 Wood, S. 50-66

1. DIE ANALYSTEN

Sie haben für jede Fehlentwicklung in der Gemeinde eine Statistik. Sie wissen genau, warum was falsch läuft, und können darüber stundenlang referieren. Sie können viele gute Literaturtipps geben, aber sie bleiben Theoretiker. Sobald es darum geht, anzupacken oder bei sich persönlich etwas zu verändern, ziehen sie sich zurück.

2. DIE TRADITIONALISTEN

Sie betonen häufig, dass sie nicht grundsätzlich gegen Neuerungen sind und nur darauf achten wollen, dass die Werte der Gemeinde und ihre bibeltreue Ausrichtung erhalten bleiben. Letztlich lehnen sie aber jede wirkliche Veränderung ab und erwarten, dass sich alle anderen nach ihnen richten. Berühmt geworden sind sie für die sieben letzten Worte einer sterbenden Gemeinde: »Das haben wir noch nie so gemacht!«

3. DIE SUPERFROMMEN

Sie haben immer gewichtige Argumente, warum es noch nicht an der Zeit ist, nötige Veränderungen anzugehen. Entweder hat Gott noch nicht deutlich genug zu ihnen gesprochen, oder die Gemeinde sollte zunächst noch mehr beten oder gar Buße tun, bevor etwas angepackt werden kann. Das Problem bei ihnen ist ihre oftmals zu fromme Antwort, in der die fromme Phrase zum Ersatz für wirkliches Handeln wird. Die Bibel zeigt aber an Personen wie Nehemia, Paulus und vor allem Jesus, dass Beten und Handeln zusammengehören.

4. DIE WEHLEIDIGEN

Bei den Wehleidigen handelt es sich um Gemeindemitglieder, die jedwede Veränderung nur unter dem einen Gesichtspunkt betrachten: Bringt sie mir eventuell Nachteile? (Erhalte ich weniger Aufmerksamkeit vom Pastor? Wird mehr Engagement von mir gefordert?) Nach Ansicht der Wehleidigen sind sie in der Geschichte der Gemeinde eigentlich immer zu kurz gekommen und dürfen deswegen in keiner Weise mehr beansprucht werden. Erstaunlich ist nur, dass andere, von denen viel mehr gefordert wird, wesentlich weniger klagen. Darum merke: Am lautesten jammern in aller Regel nicht die, die es wirklich am schwersten haben!

5. DIE DOMINANTEN

Vermutlich würde man sie am wenigsten zu den Leuten rechnen, die Wachstum in der Gemeinde verhindern, denn schließlich sind sie sehr engagiert und begabt. Wann immer eine Aufgabe zu vergeben ist und ihre Zeit es erlaubt, setzen sie sich für die Gemeinde ein. Sie scheuen sich dabei auch nicht, Verantwortung zu übernehmen. Allerdings vermitteln sie anderen den Eindruck, nicht wirklich gebraucht zu werden bzw. die Aufgaben nicht in der gewünschten Qualität erledigen zu können. Gern kritisieren sie andere Mitarbeiter, wenn diese Fehler machen. Das führt für potenzielle neue Mitarbeiter insgesamt zu einem Klima der Entmutigung. Obwohl die Dominanten sich gern über den Mangel an Mitarbeitern beklagen, tragen sie durch ihre Art selbst dazu bei.

6. DIE DAUERNÖRGLER

Die Dauernörgler gehören zu den schwierigsten Menschen einer Gemeinde, weil sie durch ihre penetrante und negative Art besonders viel Kraft kosten. Wood charakterisiert sie bewusst überzeichnend folgendermaßen:

▶ Sie sind länger als 20 Jahre in der Gemeinde.
▶ Sie waren mit keinem der Pastoren zufrieden
  und haben sie nicht unterstützt.
▶ Sie haben keinen Respekt vor der Gemeindeleitung.
▶ Wachstum der Gemeinde interessiert sie nicht.
▶ Sie waren mit keinem Gemeindeprogramm zufrieden.
▶ Sie verabscheuen neue Musik.
▶ Sie haben ständig einen leidenden Blick.
▶ Sie lieben Auslandsmission, aber nicht Mission
  vor der eigenen Haustür.
▶ Ihre Körpersprache ist abweisend. Bei der Predigt
  sehen sie aus dem Fenster.

- Sie möchten bei jeder Entscheidung gefragt werden.
- Sie haben nie Zeit, es sei denn, es handelt sich um Protestgespräche nach dem Gottesdienst und um Tratsch.
- Sie verstehen nicht, warum sie nicht in die Gemeindeleitung gewählt werden.
- Wenn es Probleme in der Gemeinde gibt, sind sie nicht weit weg.
- Sie sind ständig unzufrieden, aber sie verlassen die Gemeinde niemals.

Da es in jeder Gemeinde schwierige Menschen gibt, jeder von uns manchmal selbst schwierig sein kann und die Bibel außerdem nicht verheißen hat, dass Gemeindebau ein Spaziergang ist, bringt es nichts, sich eine Gemeinde ohne solche Menschen zu wünschen. Sie sind ein Teil der Gemeinde und gehören zu ihrer Realität. Sinnlos und gar gefährlich ist es außerdem, ihnen ihren Glauben abzusprechen oder sie vorschnell unter Gemeindezucht zu stellen. Aber dennoch ist es eine wichtige Leitungsaufgabe, sie zu einem angemessen geistlichen Verhalten zu erziehen. Folgende Punkte können dabei hilfreich sein:

> Schwierige Menschen sind ein Teil der Gemeinde und gehören zu ihrer Realität.

a) Wie gelingen zwischenmenschliche Beziehungen? Darüber sollte gelehrt werden, insbesondere über die Aspekte Kommunikation und Kritikfähigkeit. Die Gemeindeleitung muss dies auch positiv vorleben.

b) Es gilt, auch schwierigen Menschen freundlich zu begegnen. Wer den Versuch unternimmt, andere Menschen zu verändern, muss ihnen das Gefühl geben, dass sie respektiert und geliebt werden.

c) Schwierige Menschen sollten nicht in wichtige Leitungsfunktionen berufen werden. Das kann zu schmerzhaften Lücken führen, aber die Gemeindeleitung muss deutlich signalisieren, dass Charakter vor Begabung geht.

d) Die Gemeindeleitung muss bereit sein, Mitarbeiter vor schwierigen Leuten zu schützen und alles für ein positives Klima der Zusammenarbeit zu tun.

e) Schwierigen Leuten darf man nicht zu viel Beachtung und Zeit widmen. Die Gemeinde besteht weder nur aus Problemen noch nur aus schwierigen Leuten. Sie ist und bleibt von Gott geliebt!

5. Einen Bund miteinander schließen

John Wenrich beschreibt in seinem Workshop »Veritas« die Notwendigkeit, dass Gemeinden eine Art Bund oder Verhaltenskodex miteinander vereinbaren müssen, damit die enormen Anstrengungen eines Gemeinde-Comebacks nicht durch kontraproduktive Verhaltensweisen einzelner Mitglieder zerstört werden. Unter einen Verhaltenskodex versteht er[19]: »… ein schriftliches, von den Leitern entwickeltes und verabschiedetes Dokument, das täglich als geistliche Übung praktiziert wird. Der Kodex beantwortet die Frage: ›Wie wollen wir uns verhalten (oder miteinander leben), wenn wir einander nicht verstehen oder nicht miteinander übereinstimmen?‹«

> Wir bemühen uns klar, vollständig und direkt miteinander zu kommunizieren.

Ausgehend von den Bibelstellen Kolosser 31,12-17 und 1. Thessalonicher 5,12-26, beinhaltet Wenrichs Verhaltenskodex folgende Richtlinien für liebevolle Beziehungen und das geistliche Miteinander:

▶ Wir sind darum bemüht, einander aufzubauen und nicht zu demotivieren.

▶ Wir respektieren den Dienst des Pastors und der Gemeindeleitung.

▶ Wir bemühen uns, klar, vollständig und direkt miteinander zu kommunizieren.

---

19 Wenrich, S. 2. Eigenübersetzung

- Wir sagen unsere Meinung wohlwollend und demütig.
- Wir investieren uns auf eine positive Weise in das Leben des anderen.
- Wir glauben das Beste voneinander und teilen einander mit, wo wir Bedenken haben.
- Wir bemühen uns zu entdecken, was das Beste für die ganze Gemeinde ist und nicht für uns oder eine kleine Gruppe der Gemeinde.
- Wir sehen Meinungsunterschiede, Konflikte und Auswertungsgespräche als natürlich an.
- Wir sind entschlossen, um des Evangeliums willen auch unbequem zu sein, wenn dies notwendig ist.

Da das Comeback einer Gemeinde ein äußerst anstrengender und kräftezehrender Prozess ist, ist ein solcher Verhaltenskodex eine riesige Hilfe. Er sorgt dafür, dass wir unsere Kräfte nicht im internen Miteinander aufbrauchen, sondern uns auf die eigentliche Herausforderung – Neuausrichtung der Gemeinde – konzentrieren können.

6. Und wenn es trotzdem nicht reicht?

Ein Blick auf die Statistik des Bundes Freier evangelischer Gemeinden zeigt, dass in den letzten 15 Jahren (1994-2008) 27 Gemeinden ihre Arbeit endgültig eingestellt haben.[20] Trotz aller Bemühung um das Comeback von Gemeinden ist nicht davon auszugehen, dass in Zukunft keine Gemeinde mehr schließen wird. Es ist wichtig, dass den Mitarbeitern in diesem Fall nicht das Gefühl gegeben wird, versagt zu haben. Das Ende einer Gemeinde sollte vielmehr Anlass geben, Gottes Handeln in der Geschichte der Gemeinde noch einmal zu reflektieren:

---

20 Quelle: BFeG-Statistik

▶ Wenn eine Gemeinde nach Gottes Willen gearbeitet hat und dann schließen muss, hinterlässt sie Segensspuren.

Es kann eine große Hilfe für eine Gemeinde sein, nicht nur auf die aktuell abnehmende Mitgliederzahl zu schauen, sondern auch zu überlegen: Wer ist in unserer Gemeinde zum Glauben gekommen und geistlich geprägt worden? Wo dienen diese Menschen heute in Gottes Reich? Die Segensspuren einer Gemeinde zu verfolgen bewahrt vor Enttäuschung über Gottes Führung, weil es zur Dankbarkeit führt!

▶ Das Ziel einer Gemeinde ist nicht Langlebigkeit, sondern aufrichtiger, hingebungsvoller Dienst für Christus.

Gesellschaftliche Entwicklungen, besonders im Bereich der Wirtschaft, machen auch vor Gemeinden nicht halt. Strukturschwache Gebiete in Ostdeutschland, dem Ruhrgebiet oder in ländlichen Gegenden erleben ständig, dass junge Menschen zum Studium und Berufsbeginn ihre Heimat verlassen. Viele Gemeinden haben hier viel in die junge Generation investiert, Bekehrungen erlebt und sind trotzdem nicht gewachsen, weil sie immer wieder junge, begabte Menschen in andere Regionen abgeben

> Das Ziel einer Gemeinde ist nicht Langlebigkeit, sondern aufrichtiger, hingebungsvoller Dienst für Christus.

mussten. So ist mancher geistliche Aufbruch Freier evangelischer Gemeinden in Süddeutschland dadurch zu erklären, dass junge, geistlich motivierte Menschen von Hessen oder aus dem Ruhrgebiet beruflich bedingt in den Süden gezogen sind und dort bei der Gründung neuer Gemeinden geholfen haben. Auch wenn ihre Heimatgemeinden teilweise stark geschrumpft sind, sind sie gerade durch ihren hingebungsvollen Dienst anderen Gemeinden zum Segen geworden.

▶ Die Entscheidung zur Beendigung der Gemeindearbeit kann hilfreicher und mutiger sein, als ohne Plan weiterzumachen.

Veränderungen fallen den meisten Menschen schwer, das gilt erst recht, wenn es darum geht, eine Gemeindearbeit zu beenden, die man Jahre und Jahrzehnte mit Herzblut betrieben hat. Dennoch muss man sich offen und ehrlich die Frage stellen, ob die Gemeinde eine wirkliche Perspektive hat. Eine Gemeindearbeit weiterzuführen, darf nicht zur dauerhaften Überforderung einer Handvoll getreuer Mitarbeiter führen. Allein die Erinnerung an eine große Vergangenheit der Gemeinde oder das Gefühl, einigen Menschen (z.B. Eltern) moralisch verpflichtet zu sein, sind keine ausreichenden Gründe, um eine Gemeindearbeit fortzusetzen. Folgende Fragen können ein Test sein, um zu prüfen, ob Sie Ihre Gemeinde weiterführen sollten:

▶ Erfüllt unsere Gemeinde noch ihren Auftrag, Menschen zu Jesus Christus zu führen?
▶ Haben wir eine Perspektive für unsere Gemeinde?
▶ Identifizieren wir uns mit der Gemeinde, wie sie jetzt ist?
▶ Würden wir in diese Gemeinde gehen, wenn wir uns neu dafür entscheiden müssten?
▶ Haben wir genügend Kraft, um nötige Veränderungen zu vollziehen?
▶ Haben wir genügend begabte Menschen, insbesondere leitungsbegabte Menschen, um die Gemeinde weiterzuführen?
▶ Sind wir der Überzeugung, dass unserem Ort/Stadtteil ohne unsere Gemeinde etwas Wichtiges fehlen würde?
▶ Haben wir die Frage nach der Beendigung unserer Arbeit schon einmal offen miteinander besprochen?

Eine Gemeinde sollte auch nicht erst dann schließen, wenn sie gar keine Kraft mehr hat und auf ein Minimum an Mitgliedern geschrumpft ist. Besser ist es, wenn auch bei solch einer Entscheidung langfristig geplant wird. Dann haben Menschen die Möglichkeit, sich auf die neue Situation einzustellen und hoffentlich auch in einer neuen Gemeinde heimisch und aktiv zu werden.
▶ Das Ende einer Gemeinde sollte nicht sang- und klanglos erfolgen, sondern mit einem Dankgottesdienst würdig abgeschlossen werden.
Viele Menschen haben bei der Schließung einer Gemeinde ein

schlechtes Gewissen oder zumindest schlechte Gefühle und wollen das Ende möglichst still über die Bühne bringen. Aus meiner Sicht verpasst man damit die Chance zu einem dankbaren Abschluss, der Zeugnis gibt von den großen Dingen, die Gott im Laufe der Gemeindegeschichte getan hat. Ein dankbarer feierlicher Abschluss hilft außerdem, die Abschiedsschmerzen zu verarbeiten und sich dann neuen Herausforderungen zu stellen. Wir sollten die Chancen nicht verpassen, Gott so die Ehre zu geben und Menschen seelsorgerlich auf dem Weg in eine neue Gemeinde zu begleiten.

FRAGEN UND AUFGABEN ZUM WEITERDENKEN

1. Welche Situationen fallen uns zum Bild von den drei Affen ein? Wo haben wir die Augen vor der Wirklichkeit verschlossen?
2. Wie gehen wir mit unbequemen Realitäten um?
3. Was sollten wir tun, um ein realistisches Bild von unserer Gemeinde zu erhalten?
4. Was müsste sich konkret in unserer Gemeinde ändern, damit sie eine Zukunftsperspektive hat:
   a) bei der Gemeindeleitung?
   b) bei den Mitgliedern der Gemeinde?
5. Glauben wir, dass unsere Gemeinde eine Zukunft hat? Was nährt unsere Hoffnung?
6. Was können wir für uns als Gemeindeleitung tun, um beim langen und anstrengenden Veränderungsmarathon fröhlich und fit zu bleiben?
7. Worum wollen wir Gott für unsere Gemeinde bitten?
8. Welche Verheißung hat Gott uns konkret für unsere Gemeindesituation gegeben?
9. Wie gehen wir mit schwierigen Personen um?
   a) Versuchen wir, sie zu verstehen?
   b) Stellen wir uns berechtigter Kritik?
   c) Geben wir ihnen zu viel Raum und verlieren wir somit unsere Energie und Ausrichtung?

d) Schützen wir andere Personen, die durch schwierige Gemeindemitglieder immer wieder behindert oder gar verletzt werden?

10. Und wenn es nicht weitergeht?

a) Was sollten wir tun, um der Gemeinde und den betroffenen Menschen einen würdevollen Abschluss zu ermöglichen?

b) Wie können wir uns auch am Ende der Gemeindegeschichte noch einmal mutig in Gottes Reich investieren mit unserer Zeit, unserem Geld und unserer Kraft?

IV. Als Leiter das Comeback wagen und überstehen

1. Das Comeback wagen

Im Verlauf dieses Buches wurde bereits deutlich, dass Leiter eine Schlüsselrolle im Veränderungsprozess von Comeback-Gemeinden einnehmen. Manche Leiter scheuen den hohen Preis eines Veränderungsprozesses und geben sich mit einer anhaltenden Stagnation oder einem leichten Rückgang zufrieden. Wood nennt folgende Gründe dafür:

a) Angst vor Konflikten

Wer notwendige Veränderungen in einer traditionsreichen Gemeinde durchführen will, muss auch mit Widerstand rechnen. Leiter, denen es sehr auf Harmonie oder die eigene Beliebtheit ankommt, können sich an dieser Stelle besonders schwertun. Obwohl es auch in einer Comeback-Gemeinde gilt, unnötige Konflikte zu vermeiden, sind manche Konflikte um die zukünftige Ausrichtung der Gemeinde vermutlich unausweichlich. Auf der einen Seite werden Leiter gut daran tun, durch eine gute Beziehungsarbeit möglichst viele Personen auf den Weg der Veränderung mitzunehmen; auf der anderen Seite müssen sie entschlossen genug sein, um Veränderungen wirklich umzusetzen. Wer nur eine geringe Konfliktbereitschaft mitbringt oder aber ständig die falschen Konflikte führt, dem wird ein Comeback nicht gelingen.

b) Fehlende Einsatzbereitschaft und Disziplin

Mit fehlender Einsatzbereitschaft ist nicht der »normale« Dienst eines Gemeindeleiters oder Pastors gemeint, den jeder zu leisten bereit ist. Aber in Comeback-Gemeinden ist häufig ein besonderes Engagement gefragt, da es einerseits nur wenig Mitarbeiter gibt, andererseits aber vieles neu angepackt werden muss. Leitung in solchen Situationen fordert die Bereitschaft zu absoluter Konzentration und hoher Einsatzbereitschaft. Im Unterschied zu Gemeinden mit stabilen Strukturen und Arbeitskreisen kommt aufgrund der Veränderungsdynamik hinzu, dass sich die Leiter ihre eigene Agenda zusammenstellen und zielstrebig verfolgen müssen. Dass es auch bei Leitern in Comeback-Gemeinden Grenzen der Belastbarkeit gibt, ist klar.

c) Mangelnde persönliche Evangelisation

Während in gesunden Gemeinden ganz selbstverständlich Kontakte zu außen stehenden Personen vorhanden sind und immer wieder neu entstehen, ist es gerade in kleinen Comeback-Gemeinden häufig der Fall, dass die Mitglieder kaum Kontakte zu Menschen außerhalb der Gemeinde haben. Hier sind gerade die Leiter gefragt, gezielt Kontakte aufzubauen und solche Menschen in die Gemeinde einzuladen. Gerade Pastoren fällt in stärkerem Maße die Aufgabe eines Missionars zu, der Menschen durch persönliche Kontaktaufnahme für Jesus gewinnt.

d) Fehlende Vernetzung

Man kann sagen: Die Persönlichkeit ist das Hauptwerkzeug eines Pastors. Das gilt fast genauso generell für jeden Leiter. Dieses Werkzeug gilt es regelmäßig zu warten und zu pflegen. Dafür ist eine Begleitung von außen ebenso hilfreich wie für die komplexen Veränderungsprozesse in einer Comeback-Gemeinde. Es gibt Leiter, die sich nicht gern in die Karten schauen lassen oder sich durch zu enge Kontakte leicht kontrolliert fühlen. Andere scheuen die Vergleiche mit anderen Kollegen, weil sie sich dann minderwertig fühlen. Dadurch verpassen sie die Chance, sich persönlich weiterzuentwickeln. Erfolgreiche Comeback-Leiter sind gleichzeitig auf ihre Aufgabe konzentriert und so vernetzt, dass sie in jeder Phase hilfreich begleitet werden.

> Wer ein Comeback angeht, muss nicht nur darauf achten, dass die Gemeinde sich positiv verändert, sondern auch, dass er diesen Prozess selbst gesund übersteht.

61

Wer ein Comeback angeht, muss allerdings nicht nur darauf achten, dass die Gemeinde sich positiv verändert, sondern auch, dass er diesen Prozess selbst gesund übersteht.

2. Das Comeback überstehen

a) Meine Identität klären

Leiter, die für ein Comeback arbeiten, müssen mit der Spannung leben, dass einerseits die Zukunft der Gemeinde stark von ihnen abhängt (menschlich gesehen) und andererseits Gott derjenige ist, der seine Gemeinde baut und erhält. Wer nicht mit all seiner Kraft an die Arbeit macht, wird keinen Erfolg haben. Wer aber seine Kraft nur investiert, um seinen persönlichen Ehrgeiz zu befriedigen und menschliche Anerkennung zu erhalten, der wird sich und andere frustrieren. Comeback-Leiter müssen wissen, dass sie bedingungslos von Gott geliebt sind – selbst dann, wenn das Comeback misslingt. Ich bin ein geliebtes Kind Gottes mit und ohne Erfolg. Diese Gewissheit ist eine notwendige Voraussetzung, um im vollen Einsatz für Jesus geistlich gesund zu bleiben und andere Menschen nicht für eigene Zwecke zu missbrauchen.

b) Realistisch sein

Auch wenn Optimismus in Comeback-Situationen grundsätzlich guttut, muss manches gerade von Leitern sehr realistisch gesehen werden:

▶ Der Erfolg eines Comeback-Versuchs kann nicht
   garantiert werden.
▶ Das Comeback ist kein Sprint, sondern ein Langstreckenlauf
   und wird mehrere Jahre in Anspruch nehmen.
▶ Leben im Comeback bleibt eine dauerhafte Anspannung.
   Ein Warten auf leichtere Zeiten ist unrealistisch.
   Auch in diesen Zeiten müssen das Familienleben und andere
   wichtige Beziehungen gepflegt werden. Das eigentliche

Leben beginnt nicht nach dem Comeback der Gemeinde, sondern findet im Comeback der Gemeinde statt.

c) Leben im Gleichgewicht

Weil die Herausforderungen immer größer sind als die Energie und Zeit, die zur Verfügung stehen, haben Leiter ständig den Eindruck, noch nicht fertig zu sein, jetzt noch keine Pause oder gar Urlaub machen zu dürfen. Wer dauerhaft so denkt und lebt, ist auf dem sicheren Weg in den Burnout. Leiter brauchen die Pausen und Ruhezeiten, um dauerhaft wirken zu können.

Die Bibel kennt darum unterschiedliche Zyklen von Arbeit und Ruhe:

Nach der Arbeit am Tag	➜	*eine Nacht schlafen.*
Nach sechs Tagen Arbeit	➜	*ein Tag der Ruhe.*
Nach mehreren Wochen Arbeit	➜	*heilige Tage, heilige Feste.[21]*
Nach mehreren Jahren	➜	*das Land ein Jahr lang ruhen lassen.[22]*
Einmal im Leben	➜	*ein »Erlassjahr«.[23]*

Entscheidend bei der Betrachtung dieser Zyklen ist das Grundprinzip: Kein Mensch ist pausenlos fit. Wer langfristig gesund und produktiv bleiben will, braucht seinen persönlichen Rhythmus von Arbeit und Ruhe.

d) Freunde braucht der Mensch

Jeder Mensch braucht nicht nur Arbeitskollegen, sondern auch echte Freunde, die ihn unabhängig von seinem Amt und seiner Aufgabe sehen. Freunde weiten uns den Blick dafür, dass das Leben mehr ist

---

21 Je nach Zählung kennt bereits die Thora mindestens sechs, die jährlich im Abstand von mehreren Wochen gefeiert wurden und eine mehrtägige oder gar wöchentliche Unterbrechung des Arbeitsalltags darstellten. Siehe dazu Egelkraut, S. 620-622.

22 3. Mose 25,3-7

23 3. Mose 25,8-12

als der Dienst für Jesus. Freunde helfen uns, auch am »normalen« Leben teilzunehmen und es wertzuschätzen. Zugegeben: Es ist für engagierte Leiter oft nicht einfach, Beziehungen außerhalb von Arbeit und Familie aufzubauen. Darum ist es wichtig, bei der gemeinsamen Arbeit in der Gemeinde den Beziehungsaspekt nicht zu vernachlässigen. Gerade für ehrenamtliches Engagement gilt: Je besser die Beziehungen, desto stärker das Engagement, desto besser die gemeinsamen Ergebnisse.

> **Freunde weiten uns den Blick dafür, dass das Leben mehr ist als der Dienst für Jesus.**

e) Ein bisschen Spaß muss sein

Wer hart arbeitet, soll auch kräftig feiern und das Leben mit seinen schönen Seiten genießen. Dies gilt natürlich auch für Leiter im Comeback. Darum sollten sie diese schönen Seiten suchen und pflegen. Für mich gehört unbedingt das Spielen dazu. Hier kann ich sofort von der Arbeit abschalten, einfach genießen und mich dadurch auch erholen. Helmut Thielicke hat aber auch recht, wenn er dem Spielen insofern eine geistliche Dimension gibt, weil es unbekümmertes Vertrauen zu Gott ausdrückt[24]: »Dieses wahre Spiel nämlich geschieht aus dem Gegenteil der Angst: es geschieht aus Vertrauen, aus Sorglosigkeit, aus dem Wissen um das Geborgensein (Matthäus 6,25ff). Weil für uns gesorgt wird, weil wir behütet sind, darum ist der Freiheit der Kinder Gottes ein Spielraum zur Verfügung gestellt. Weil der andere Tag unserer Sorge entnommen ist, dürfen wir ›heute‹ spielen, dürfen wir ›einen Augenblick dem Augenblick‹ gehören.«

> **Leiter, die weder spielen noch feiern noch ausruhen können, sind im Grunde Maschinen und auf Dauer eine Zumutung für ihre Mitmenschen!**

Leiter, die weder spielen noch feiern noch ausruhen können, sind im Grunde Maschinen und auf Dauer eine Zumutung für ihre Mitmenschen! Darum üben Sie sich im Feiern und Spielen!

---

24 Thielicke, S. 831

f) Die eigene Perspektive entwickeln

Im Kampf und der Hektik des Alltagsgeschehens stellt sich automatisch die Frage: Wie kann es gelingen, dauerhaft die eigene Ziele umzusetzen und nicht von der Fülle der Aufgaben absorbiert zu werden? Leiter müssen sich dringend für diese Aufgabe Zeit freischaufeln, um nicht nur die Fragen »Wer macht was? Wie macht er es?«, sondern vor allem auch die Frage nach dem Warum, nach dem Sinn der eigenen Gemeinde oder Organisation zu stellen.

Das bloße Überleben ist dabei keine befriedigende Antwort, auch wenn manche rückläufige Gemeinde sich vor allem damit beschäftigt. Daniel Zindel hat die Fragen, die die Leitung zu beantworten hat, sehr plastisch in einer Grafik dargestellt:

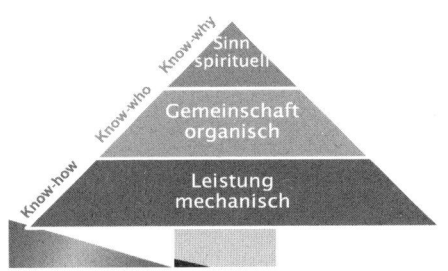

Abb. 8

Nur wer den Sinn und das Ziel kennt, kann anderen und sich eine Perspektive geben.

Fragen und Aufgaben zum Weiterdenken

1. Bin ich bereit, den Preis für das Comeback meiner Gemeinde zu bezahlen?
2. An welcher Stelle muss ich mich weiterentwickeln, damit die Gemeinde sich positiv entwickelt?
3. Was gibt mir Kraft? Was muss ich verstärken, um meine Leitungsaufgabe in einer Comeback-Gemeinde durchzuhalten?
4. Wer könnte mich in meiner Aufgabe als Berater von außen unterstützen?
5. Wann habe ich das letzte Mal richtig gefeiert und Spaß gehabt?
6. Halten mein Ehepartner und meine Familie den derzeitigen Herausforderungen stand?

V. Sie haben es geschafft!

Natürlich ist es gut, sich neben grundsätzlichen Erwägungen auch praktische Beispiele vor Augen zu führen, von denen man direkt lernen kann. Die folgenden fünf Beispiele beschreiben den Comeback sehr unterschiedlicher Gemeinden, die allerdings zwei Gemeinsamkeiten haben:

a) Es handelt sich um Freie evangelische Gemeinden (FeG);
b) Sie stammen alle aus Nordrhein-Westfalen.

Zunächst wird die Geschichte der Gemeinde erzählt und mit Statistiken belegt, danach folgt jeweils eine Zusammenfassung des Gesprächs mit der Gemeindeleitung. Das Gespräch basierte auf einem standardisierten Fragebogen.

1. Essen-Kettwig

Die FeG Essen-Kettwig wurde 1922 gegründet und war in der Großstadt Essen mit zeitweise über 700 000 Einwohnern viele Jahre lang eine kleine und eher in sich gekehrte Gemeinde. Entgegen dem allgemeinen Trend in Essen, wo auch zwei Freie evangelische Gemeinden geschlossen wurden, hat die FeG Essen-Kettwig in den letzten zehn Jahren ein kleines, aber nachhaltiges Wachstum erlebt, sodass sie zurzeit den höchsten Mitgliederstand ihrer fast 90-jährigen Geschichte erlebt. Im Jahr 2007 hat sie einen großen Anbau fertiggestellt, der auch baulich eine Öffnung für den Stadtteil deutlich macht.

Die Statistik über die Zugänge in der Gemeinde zeigt, dass der größte Teil des Wachstums Transferwachstum von anderen Gemeinden ist. Ein gutes Zeichen für eine kleine Gemeinde ist, dass die jungen Leute sich mit der Gemeinde identifizieren und beginnen, Mitglieder zu werden. Dies war in der Vergangenheit lange Zeit an-

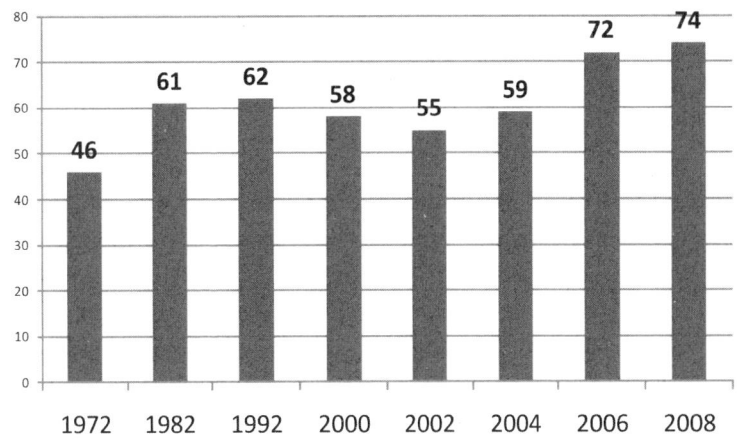

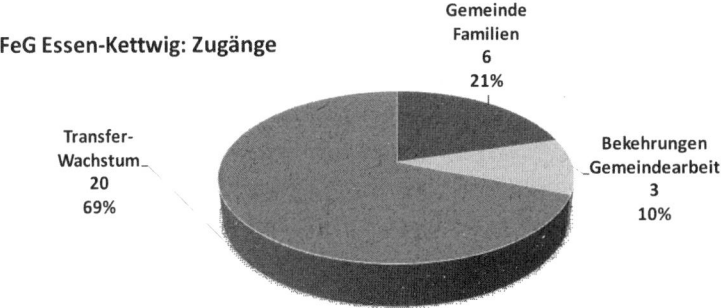

Abb. 9 und 10

ders. Leider ist die Anzahl von Bekehrungen in der Gemeinde noch nicht hoch, aber die Gemeinde arbeitet mit Glaubenskursen und öffentlichen Veranstaltungen daran.

Seit Dienstbeginn des derzeitigen Pastors im Jahr 1991 hat es in der Gemeinde keine größeren Konflikte gegeben, niemand hat die Gemeinde aus diesem Grund verlassen. Der Gottesdienstbesuch hat seit dem Anbau spürbar zugenommen. Die für eine kleine Gemeinde hohe Anzahl von 40 Freunden zeigt, dass die Gemeinde Potenzial für weiteres Wachstum hat.

Gespräch mit der Gemeindeleitung Essen-Kettwig

Wie kam es nach den vielen Jahrzehnten Gemeindegeschichte, in der es nie mehr als 70 Mitglieder gab, zu diesem kleinen, aber doch sehr deutlichen Wachstum der Gemeinde?

Im Interview mit den vier Gemeindeleitern inklusive Pastor wurde zunächst danach gefragt, warum die Gemeinde so viele Jahre auf sehr kleinem Niveau stagniert ist, aber auch, was die Gründe für die aktuell erfreuliche Entwicklung der Gemeinde sind.

1. Welche Gründe führten zu einem Rückgang / zur Stagnation der Gemeinde?

1. Fehlende geistliche Gesundheit
2. Zerstörerische Konflikte
3. Unangemessene Strukturen und Programme
4. Demografische Entwicklung/Überalterung
5. Probleme in der Gemeindeleitung
6. Mangelnde missionarische Begeisterung
7. Räumlichkeiten und Finanzen

Außerdem wies die Gemeindeleitung darauf hin, dass die Gemeinde über viele Jahre keinerlei ökumenische Kontakte pflegte und darum lange Zeit als Sekte betrachtet wurde.

2. Gibt es Ereignisse, die als Wendepunkt bezeichnet werden können?

Am Ende der 80er- / zu Beginn der 90er-Jahre zogen einige junge Ehepaare mit ähnlichem Gemeindehintergrund nach Essen und schlossen sich der Gemeinde an. Sie engagierten sich stark und waren schnell akzeptiert, da sie eine ähnliche Prägung hatten, aber doch auch Innovationen aus ihren früheren Gemeinden mitbrachten, wie z.B. Hauskreise.

Als 1991 der neue Pastor kam, unterstützte er besonders diese jungen Ehepaare, sodass weitere Veränderungen möglich waren.

3. Was führte zur neuen Stabilität / zu neuem Wachstum?

▶ Inspiration durch die Teilnahme an Willow-Creek-Konferenzen in Deutschland;

▶ Veränderungen im Sonntagmorgen-Gottesdienst;

▶ anhaltendes Gebet;

▶ Öffnung für ökumenische Kontakte;

▶ Kontaktaufnahme zur Lokalpresse;

▶ durch ein angemessenes Veränderungstempo wurden Konflikte vermieden; die Leiter haben die Besonderheiten ihrer Gemeinde berücksichtigt und dadurch unnötige Konflikte verhindert;

▶ nach dem Neubau wuchs der Gottesdienstbesuch um 20 Prozent.

4. Welche Rolle haben der Pastor und die Gemeindeleitung gespielt?

Der Pastor verband die Generationen miteinander. Dies war möglich, weil er auf beiden Seiten Vertrauen hatte. Die Gemeindeleitungen wurden erstmalig offiziell durch die Gemeinde berufen, was ihnen einen stärkeren Rückhalt in der Gemeinde gab. Sie nahmen sich für die Umsetzung der Veränderungen genügend Zeit.

5. Haben Mitglieder aufgrund der Neuausrichtung die Gemeinde verlassen?

Einige Mitglieder haben die Gemeinde aufgrund theologischer Differenzen Anfang der 90er-Jahre verlassen. Die Gemeindeleitung sah Gottes Bewahrung darin, dass es nicht zu einem Richtungsstreit in der Gemeinde gekommen ist.

6. Worin sieht die Gemeindeleitung aktuell eine Stärke der Gemeinde?

▶ Die Mitglieder lieben die Gemeinde.

▶ Sie sind offen für nötige Veränderungen.

▶ Sie unterstützen ihre Gemeinde praktisch und finanziell gut.

▶ Die Jugend fühlt sich in der Gemeinde zu Hause. Dies war früher anders.

► Wir haben ein gutes Gebäude mit viel Platz für öffentliche Veranstaltungen.

► Die Gemeinde ist im Stadtteil gut bekannt.

7. *Welchen aktuellen Herausforderungen sieht sich die Gemeinde gegenüber?*

► Denkweise und Lebensstil einer kleinen Gemeinde der wachsenden Gemeinde anpassen;

► Familien aus dem Stadtteil erreichen;

► das geistliche Leben der Mitglieder fördern;

► eine zweite Leitungsebene einrichten;

► in den letzten drei Jahren haben elf Mitglieder die Gemeinde verlassen, weil sie aus beruflichen Gründen umgezogen sind;

► besonders bei den Leitern auf das Gleichgewicht von Arbeit und Erholung achten.

2. Mechernich

Die Gemeinde wurde 1989 als Tochtergemeinde der FeG Bonn in der Kleinstadt Mechernich gegründet, einem Ort mit 28 000 Einwohnern in der überwiegend katholischen Eifel.

Aufgrund der finanziellen Unterstützung durch den BFeG konnte sich die Gemeinde früh einen Vollzeitpastor und ein eigenes Gemeindehaus leisten. Sie wuchs schon 1996 auf fast fünfzig Mitglieder an, wegen schwelender und ausbrechender Konflikte überstieg die Mitgliederzahl aber nur 2001 diese Marke.

Die Gemeinde zog einerseits Gläubige aus anderen Gemeinden und ohne Gemeinde an, durfte aber auch einige Bekehrungen erleben (s. Anhang 172). Das Hauptproblem lag darin, dass viele Menschen aufgrund von Konflikten aus der Gemeinde austraten und es außerdem auch zu ein paar Ausschlüssen kam. Der Gemeinde war es nicht gelungen, eine gemeinsame Identität als FeG zu entwickeln.

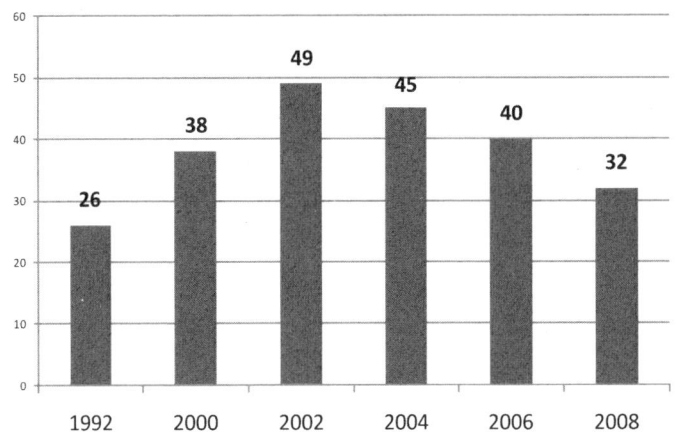

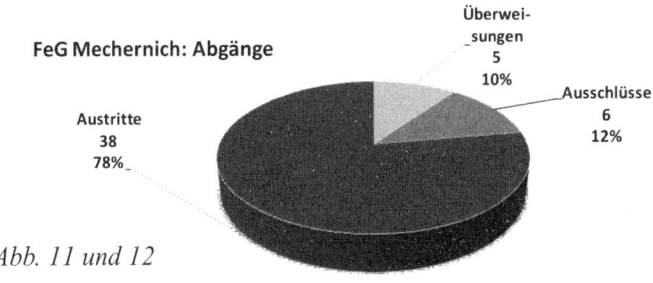

Abb. 11 und 12

Die Muttergemeinde und der Rheinische Kreis installierten in der Krisenzeit (ab 2006) ein externes Leitungsgremium, das seine Arbeit ehrenamtlich tat. Mit ihm erlebte sie ab 2008 einen echten Neuanfang, geprägt von Versöhnung, neuer Einmütigkeit und Frieden. Der Gottesdienstbesuch stieg wieder an, und die Mitgliederzahl folgt dem auch wieder.

Gespräch mit der Gemeindeleitung Mechernich

1. Welche Gründe führten zu einem Rückgang / zur Stagnation der Gemeinde?

1. Zerstörerische Konflikte
2. Probleme in der Gemeindeleitung

3. Fehlende geistliche Gesundheit
4. Mangelnde missionarische Begeisterung
5. Räumlichkeiten und Finanzen
6. Unangemessene Strukturen und Programme
7. Demografische Entwicklung / Überalterung

Außerdem wurde erwähnt, dass in der Umgebung der Gemeinde okkulte Mächte spürbar seien und es sich im Unterschied zu manchen anderen Gegenden nicht um ein Erweckungsgebiet handelt.

2. Gibt es Ereignisse, die als Wendepunkt bezeichnet werden können?

Als im Herbst 2006 die Gemeindeleitung zurücktrat und der Pastor die Gemeinde verließ, wurde ein neuer Gemeindeleiter von der Muttergemeinde installiert, der die Gemeinde über 15 Monate durch eine Klärungsphase führte. Von einigen Predigtdiensten war er der Gemeinde bereits bekannt. Obwohl er keine spezifische theologische Ausbildung hatte, konnte er aufgrund seiner Leitungsbegabung und eines hohen zeitlichen Einsatzes die Gemeinde durch Konflikte begleiten und ihr entscheidende Impulse für einen Neuanfang geben. Anfang 2008 kam es zu gemeinsamer Buße und einem bewussten Bruch mit der Vergangenheit.

Es ist offensichtlich, dass die Gemeinde allein mit ihren eigenen Ressourcen kein Comeback geschafft hätte. Die Einsetzung eines Gemeindeleiters durch eine Muttergemeinde ist zugegebenermaßen für einen Bund selbstständiger Ortsgemeinden ungewöhnlich, vielleicht sogar schmerzhaft. Aber die Selbstständigkeit der Ortsgemeinden darf nicht dazu führen, dass sie notwendige Hilfe von außen ablehnen oder viel zu spät beanspruchen. Verwundete Gemeinden brauchen unbedingt Hilfe von außen!

3. Was führte zu neuem Wachstum?
▶ Gebet und neue Hingabe an Christus als dem Haupt der Gemeinde;
▶ Versöhnung in der Gemeinde und mit früheren Mitgliedern;
▶ Alpha-Kurs innerhalb der Gemeinde;

- Berufung neuer Gemeindeleiter und eines Teilzeitpastors;
- neue missionarische Aktivitäten.

4. *Welche Rolle haben der Pastor und die Gemeindeleitung gespielt?*

Da die ehemaligen Gemeindeleitungen und der frühere Pastor große Konflikte miteinander hatten, war die Einsetzung einer neuen Gemeindeleitung sehr wichtig. Der neue Gemeindeleiter versuchte zu versöhnen, was nicht immer erfolgreich war und zum Weggang einiger Mitglieder führte. Aber er blieb standhaft und legte die Basis für eine neue Gemeinschaft. Das Beispiel Mechernich zeigt, wie wichtig der Einsatz von leitungsbegabten ehrenamtlichen Mitarbeitern in solchen Comeback-Prozessen ist.

5. *Haben Mitglieder aufgrund der Neuausrichtung die Gemeinde verlassen?*

Viele Mitglieder haben die Gemeinde in der Phase des Konflikts verlassen. Nach dieser Phase waren die verbliebenen Mitglieder dankbar für neue Aktivitäten und eine neue Ausrichtung. Die aktuelle Gemeindeleitung arbeitet gut zusammen. Es besteht zurzeit nicht die Gefahr, dass Mitglieder die Gemeinde verlassen. Im Gegenteil: Einige ehemalige Mitglieder kehren sogar in die Gemeinde zurück. Andere ehemalige Gemeindeglieder haben in anderen Gemeinden mit funktionierender Leitung eine neue Heimat gefunden.

6. *Worin sieht die Gemeindeleitung aktuell eine Stärke der Gemeinde?*

- Regelmäßige Gebetstreffen;
- geistliche Einheit und gute Beziehungen in der Gemeindeleitung;
- gute Predigten und gesunde Lehre;
- Gastfreundschaft: neue Leute fühlen sich in der Gemeinde gut aufgenommen;
- Demut: die Gemeinde weiß um ihre Schwächen und verlässt sich auf Jesus.

7. *Welchen aktuellen Herausforderungen sieht sich die Gemeinde gegenüber?*

▶ Familien erreichen;

▶ Jugendarbeit beginnen;

▶ die Identität der Gemeinde klären und stärken;

▶ das Vertrauen zueinander und zur Leitung vertiefen;

▶ von Jesus abhängig bleiben;

▶ Finanzierung des Teilzeitpastors.

3. Uedem

Uedem ist eine kleine Stadt mit ca. 8500 Einwohnern am Niederrhein in einer sehr katholisch geprägten Umgebung. Die Gemeinde wurde 1889 gegründet und hatte bis 2002 nie mehr als 48 Mitglieder. In 2001 hat die Gemeinde ihren ersten Vollzeitpastor berufen, der bereit war, in einer Übergangszeit für 70 Prozent des Gehalts zu arbeiten. Davor hat sie sich einen Pastor mit einer größeren Gemeinde in der Nähe geteilt.

Wie in anderen Gemeinden besteht auch hier das Wachstum in erster Linie in Transferwachstum, also in der Aufnahme von Glaubenden aus anderen Gemeinden. Auch wenn einige Personen die Gemeinde verlassen haben, hat die Gemeinde insgesamt keine größeren Konflikte hinter sich. Da die Gemeinde über einen großen Freundeskreis verfügt (35-40 Prozent der Mitglieder!), besteht auch künftig ein großes Wachstumspotenzial (s. Anhang 174).

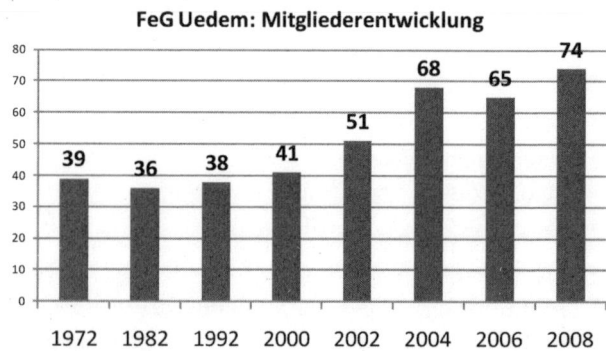

FeG Uedem: Mitgliederentwicklung

Abb. 13

Gespräch mit der Gemeindeleitung Uedem

1. Welche Gründe führten zu einem Rückgang / zur Stagnation der Gemeinde?

1. Unangemessene Strukturen und Programme
2. Probleme in der Gemeindeleitung
3. Mangelnde missionarische Begeisterung
4. Fehlende geistliche Gesundheit
5. Demografische Entwicklung/Überalterung
6. Zerstörerische Konflikte
7. Räumlichkeiten und Finanzen

Als weiterer Grund wurde benannt, dass die Kooperation mit der größeren Gemeinde für Uedem nicht gut funktioniert hat. Es fehlte teilweise an Klarheit in den Absprachen, sodass Uedem als kleinere Gemeinde sich benachteiligt fühlte. Eine Zeit lang wurden ihre Mitglieder sogar von der größeren Gemeinde zu einem Wechsel ermutigt. Die kleinere Gemeinde hatte nicht den Eindruck, dass ihre Interessen mit Nachdruck vertreten werden.

2. Gibt es Ereignisse, die als Wendepunkt bezeichnet werden können?

In den frühen 90er-Jahren schlossen sich junge Leute aus anderen Freien evangelischen Gemeinden der Gemeinde an. In der Mitte der 90er-Jahre entschied die jüngere Generation, ein Bauvorhaben in Angriff zu nehmen, das 1997 mit großer Unterstützung der älteren Generation umgesetzt wurde.

Im Jahr 2000 endete die Kooperation mit der größeren Gemeinde, und im Jahr 2001 wurde der erste eigene Pastor berufen.

3. Was führte zur neuen Stabilität / zu neuem Wachstum?

▶ Nach einer Zeit von Konflikten und einem Pastorenwechsel unterstützte ein Pastor im Ruhestand die Gemeinde für ein Jahr und verhalf so zu einem Neustart.
▶ Die benachbarte katholische Kirche begegnete der Gemeinde sehr offen und verhalf ihr so zu einer großen Akzeptanz am Ort.
▶ Eine in der Nachbarschaft gegründete therapeutische Wohn-

gemeinschaft pflegt sehr enge Kontakte zur Gemeinde. Die Bewohner besuchen die Gemeinde und haben zu einer Öffnung der Gemeinde nach außen beigetragen.

4. *Welche Rolle haben der Pastor und die Gemeindeleitung gespielt?*

Die Berufung eines eigenen Pastors mit einer 70-Prozent-Anstellung war ein großer Glaubensschritt für die Gemeinde und den Pastor. Die Abmachung war, dass er von Beginn an voll für die Gemeinde arbeitet und die Gemeinde auf Wachstum ausgerichtet ist – andernfalls hätte er die Gemeinde nach ein paar Jahren wieder verlassen. Da erstmalig der Pastor direkt vor Ort wohnte, konnte er viele Kontakte vor Ort aufbauen.

Die Gemeindeleitungen begannen ihre Leitungsaufgabe stärker wahrzunehmen, und sie nahmen sich mehr Zeit für das Gebet. Da alle Gemeindeleiter, bis auf eine Ausnahme, nicht aus Uedem stammten, aber bereits in anderen Gemeinden aktiv waren, konnten sie neue Impulse in die Gemeinde hineinbringen. Bei der Umsetzung von Veränderungen agierten sie so weise, dass die Gemeinde gut mitgenommen wurde.

5. *Haben Mitglieder aufgrund der Neuausrichtung die Gemeinde verlassen?*

Nein. Aber nach der ersten Wachstumsphase gab es Fragen und auch Kritik, weil die Gemeinde sich nicht mehr ganz so familiär anfühlte wie früher. Manche Mitglieder waren mit neuen Strukturen und einer klareren Leitung nicht einverstanden. Diese Unzufriedenheit hielt aber nur für eine kurze Übergangszeit an.

6. *Worin sieht die Gemeindeleitung aktuell eine Stärke der Gemeinde?*

▶ Offenheit für Veränderung und neue Menschen;
▶ einfacher, kindlicher Glaube;
▶ die Beziehungen innerhalb der Gemeinde;
▶ eine große Jugendgruppe mit Jugendlichen, die nicht in der Gemeinde aufgewachsen sind.

7. *Welchen aktuellen Herausforderungen sieht sich die Gemeinde gegenüber?*

▶ Fehlende geistliche Reife;

▶ Mitglieder mit unterschiedlichen gemeindlichen Hintergründen haben ein unterschiedliches Gemeindeverständnis;

▶ öffentliches Gebet;

▶ Eheseelsorge;

▶ Jugendliche ohne Gemeindehintergrund zu integrieren;

▶ Neubaugebiet in der Nachbarschaft;

▶ die finanzielle Unterstützung älterer Gemeindeglieder kompensieren.

4. Witten

Die Stadt Witten im Ruhrgebiet hat knapp 100 000 Einwohner. In Witten sitzt sowohl die Zentrale des Bundes Freier evangelischer Gemeinden als auch die Stiftung Christliche Medien, die eng mit Freien evangelischen Gemeinden verbunden ist. Es gibt nur eine FeG in Witten und wenige andere evangelikale Gemeinden.

Von Anfang der 70er-Jahre bis Ende der 80er-Jahre stagnierte die Gemeinde zwischen 140 und 150 Mitgliedern und ging Anfang

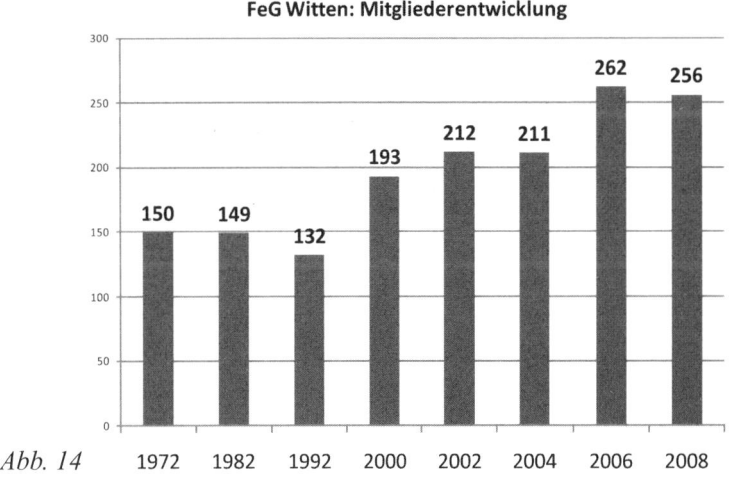

Abb. 14

der 90er-Jahre auf 132 Mitglieder zurück. Nach einem Pastoren-wechsel sowie Veränderungen in der Gemeindeleitung erlebte die Gemeinde kontinuierliches Wachstum auf über 250 Mitglieder.

Die Analyse zeigt, dass das Wachstum der Gemeinde sich sowohl auf Transferwachstum als auch auf der Aufnahme der bekehrten Gemeindekinder gründet. Leider hat es nicht im gleichen Umfang Bekehrungen von Menschen außerhalb der Gemeinde gegeben.

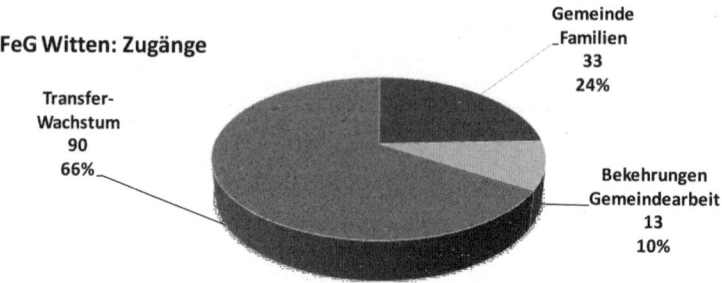

Abb. 15

Die große Anzahl von Freunden (50) zeigt, dass die Gemeinde Potenzial für weiteres Wachstum hat (s. Anhang 174).

Gespräch mit der Gemeindeleitung Witten

1. Welche Gründe führten zu einem Rückgang / zur Stagnation der Gemeinde?

1. Mangelnde missionarische Begeisterung
2. Unangemessene Strukturen und Programme
3. Räumlichkeiten und Finanzen
4. Probleme in der Gemeindeleitung
5. Fehlende geistliche Gesundheit
6. Demografische Entwicklung/Überalterung
7. Zerstörerische Konflikte

Als weitere Gründe für die anhaltende Stagnation wurden Traditionalismus in Gestaltungsfragen und ein nach innen gerichteter Blick der Gemeinde genannt. Es gab außerdem eine Tendenz zur Gesetzlichkeit und eine Trennung zwischen Alltag und Sonntag. Auch das Verhältnis von Ortsgemeinde zur Zentrale und dem Verlagshaus war nicht immer ungetrübt.

2. *Gibt es Ereignisse, die als Wendepunkt bezeichnet werden können?*

▶ Nach der Berufung eines neuen Pastors im Jahr 1990 erfolgte eine gründliche Gemeindeanalyse in der ersten gemeinsamen Gemeindeleitungsklausur im Jahr 1991; die daraus resultierenden Ergebnisse wurden von Pastor und Gemeindeleitung konsequent umgesetzt:

▶ die Willow-Creek-Konferenz 1996 in Hamburg.

3. *Was führte zur neuen Stabilität / zu neuem Wachstum?*

▶ Eine Veränderung in den Entscheidungsprozessen der Gemeindeversammlung: Konnten vorher einzelne Personen oder kleine Gruppen Veränderungsprozesse aufhalten, wurden nun durch Mehrheitsentscheidungen Veränderungen umgesetzt;

▶ die Einführung von Hauskreisen anstelle einer zentralen Bibelstunde in der Woche;

▶ neue Mitglieder aus der Bundeszentrale und der Stiftung Christliche Medien brachten neue Ideen mit;

▶ Jugendevangelisation Jesus House;

▶ gezielte Mitarbeiter-Förderung u.a. durch das D.I.E.N.S.T.-Seminar.

4. *Welche Rolle haben der Pastor und die Gemeindeleitung gespielt?*

▶ Der neue Pastor Anfang der 90er-Jahre war innovativ und zielorientiert.

▶ Die Anstöße zur Veränderung der Gemeinde kamen insgesamt von der Gemeindeleitung.

▶ Ein älteres Mitglied der Gemeindeleitung hat sich mit den Veränderungen identifiziert und so die ältere Generation im Veränderungsprozess integriert.

5. *Haben Mitglieder aufgrund der Neuausrichtung die Gemeinde verlassen?*

Nur ein Ehepaar hat aufgrund der Veränderungen die Gemeinde verlassen. Allerdings gab es Ende der 90er-Jahre einen Konflikt innerhalb der Gemeindeleitung. Dieser Konflikt führte nicht zum Ende des Wachstums, aber belastete die Beziehungen stark. Eine Mediation half zur Verbesserung der Beziehungen. Trotzdem kam es in der Folgezeit zu starken Veränderungen in der Gemeindeleitung, und auch der Pastor nahm im Jahr 2003 eine neue Berufung an. Es ist gut möglich, dass ein hohes Veränderungstempo menschliche Beziehungen belastet. Ein Wechsel von Gemeindeleitungen oder/und Pastor ist aber keine Tragödie, sondern zumindest bei einigen Veränderungsprozessen ein Preis, der zu bezahlen ist.

6. *Worin sieht die Gemeindeleitung aktuell eine Stärke der Gemeinde?*

▶ Attraktive Gottesdienstgestaltung zieht Menschen an;
▶ Hauskreise und Kleingruppen bieten Menschen Heimat;
▶ Gruppenangebote für jedes Alter;
▶ Offenheit für Veränderungen; die Gemeinde ist eher zukunfts- als vergangenheitsorientiert;
▶ gutes Miteinander der Generationen.

7. *Welchen aktuellen Herausforderungen sieht sich die Gemeinde gegenüber?*

▶ Neue Strukturen entwickeln, die zur neuen Größe passen und zu den neuen Herausforderungen;
▶ Integration von Menschen mit sehr unterschiedlichen Hintergründen;
▶ Gemeindeidentität stärken;
▶ Evangelisation und Diakonie vor Ort;
▶ auf die demografischen Veränderungen reagieren (alternde Gesellschaft);
▶ Förderung des geistlichen Wachstums der Gemeindemitglieder;
▶ die Finanzen entsprechend dem Wachstum der Gemeinde weiterentwickeln.

5. Wuppertal-Elberfeld

Die Gemeinde wurde 1906 gegründet und hatte ihren höchsten Mitgliederstand in den 70er- und 80er-Jahren. Die Stadt hat eine Bevölkerung von ca. 350 000 Einwohnern.

Nach einer konfliktreichen Zeit sank die Mitgliederzahl Mitte der 90er-Jahre auf 79. 1997 kam ein neuer Pastor, der bis 2009 in der Gemeinde gedient hat. In dieser Zeit erlebte die Gemeinde zunächst ein kurzes sprunghaftes Wachstum und dann eine Zeit langsamen, stetigen Wachstums.

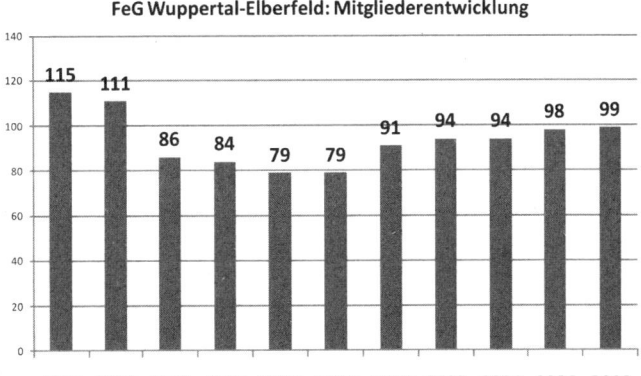

Abb. 16

Das Wachstum der Gemeinde war größtenteils Transferwachstum, aber es gelang ebenfalls, die bekehrten Kinder der Gemeindefamilien in die Gemeinde zu integrieren (s. Anhang S. 175). Die Abgänge der Gemeinde mit 35 % Todesfällen und das Durchschnittalter von 51 Jahren lassen erwarten, dass die Gemeinde auch künftig regelmäßig Mitglieder durch Tod verlieren wird (s. Anhang S. 175). Die Grafik über den durchschnittlichen Gottesdienstbesuch zeigt, dass die Zahl der Gottesdienstbesucher deutlich unter der Mitgliederzahl liegt. Dies ist für wachsende Freikirchen ungewöhnlich, da dort der Gottesdienstbesuch die Mitgliederzahl meist übersteigt. Die Anzahl der Freunde ist mit 20 Personen niedrig. Beides lässt vermuten, dass das Potenzial für weiteres Wachstum der Gemeinde zurzeit eher niedrig ist.

Gespräch mit der Gemeindeleitung Wuppertal-Elberfeld

An diesem Gespräch nahmen neben den aktuellen Gemeindeleitungen auch frühere Älteste teil. Dies machte das Gespräch besonders spannend, weil sehr unterschiedliche Sichtweisen zusammenkamen, insbesondere zum Konflikt Anfang der 90er-Jahre.

1. Welche Gründe führten zu einem Rückgang / zur Stagnation der Gemeinde?

1. Zerstörerische Konflikte
2. Fehlende geistliche Gesundheit
3. Demografische Entwicklung/Überalterung
4. Mangelnde missionarische Begeisterung
5. Probleme in der Gemeindeleitung
6. Unangemessene Strukturen und Programme
7. Räumlichkeiten und Finanzen

Die Gemeindeleitungen wiesen außerdem darauf hin, dass bei der Berufung eines neuen Pastors Anfang der 90er-Jahre ein nicht unerheblicher Teil der Gemeinde nicht hinter der Berufung stand. Schon kurz nach der Berufung kam es dann zu Konflikten.

Ein weiterer Grund bestand darin, dass die jüngere Generation in dieser Zeit fast komplett die Gemeinde verließ, was sich gegen Ende der 90er-Jahre änderte.

2. Gibt es Ereignisse, die als Wendepunkt bezeichnet werden können?

Das pastorenlose Jahr 1996 war eine Hilfe, um den Konflikt aufzuarbeiten. Die Gemeinde lernte, in einer liebevollen Art und Weise miteinander zu kommunizieren. Der neue Pastor fügte sich gut in die Gemeindesituation, da er ein begabter Seelsorger war und den Mitgliedern Freiheit gab, ihre Gaben einzusetzen.

Der Konflikt wurde wirklich überwunden, auch wenn kein offizieller Versöhnungsgottesdienst stattfand. Im Jahr 2000 erfolgte dann ein umfangreiches Bauvorhaben, das den Blick der Gemeinde wieder nach vorn lenkte.

3. *Was führte zu neuer Stabilität / zu neuem Wachstum?*

▶ Einige Kleingruppen erwiesen sich auch in der Krisenzeit als sehr gesund.

▶ Auch die Aufarbeitung des Konflikts erfolgte in vielen Kleingruppen und persönlichen Gesprächen; öffentliche Diskussionen hätten neue Konflikte und Wunden produziert.

▶ Die praktischen Arbeiten beim Bauprojekt brachten die Menschen wieder zusammen.

▶ Die Teilnahme an Willow-Creek-Konferenzen vermittelte neue Inspiration.

▶ Neue Aktivitäten wurden gestartet (Gästegottesdienste, Promiseland-Konzept in der Sonntagsschule).

▶ Der Musikbereich wurde ausgebaut;

▶ Glaubende, die nach Wuppertal zogen, fanden in der Gemeinde ein neues Zuhause.

▶ Gemeindefreizeiten stärkten die Gemeinschaft.

▶ Die älteren Gemeindeglieder wurden geduldiger und die jungen Leute blieben nun in der Gemeinde.

4. *Welche Rolle haben der Pastor und die Gemeindeleitung gespielt?*

▶ Der Pastor kümmerte sich stark um die Einheit der Gemeinde und hielt zu jeder Gruppe Kontakt.

▶ Die Gemeindeleitungen delegierten mehr Aufgaben an ehrenamtliche Mitarbeiter und unterstützten sie; die Gemeindeleitungen kommunizierten nun auch stärker mit der Gemeinde und gaben größere Freiheit, entsprechend der persönlichen Begabung mitzuarbeiten; bei der Entwicklung von Zielen und Werten der Gemeinde wurde die ganze Gemeinde stark einbezogen.

5. *Haben Mitglieder aufgrund der Neuausrichtung die Gemeinde verlassen?*

In der Gemeindegeschichte haben nach jedem Pastorenwechsel wenigstens ein paar Mitglieder die Gemeinde verlassen. Nur wenige haben das nach der Formulierung eines neuen Gemeindeziels getan.

Einige Leute sind aber nach der Krise sogar wieder in die Gemeinde zurückgekehrt, was ein besonderes Geschenk war.

6. *Worin sieht die Gemeindeleitung aktuell eine Stärke der Gemeinde?*

▶ Große Freude an Jesus und im Glauben;
▶ Offenheit für Neues;
▶ liebevoller Geist und Umgang in der Gemeinde;
▶ gabenorientierte Mitarbeit;
▶ die Pfadfinder erreichen viele Kinder außerhalb der Gemeindefamilien;
▶ viele Kreise arbeiten sehr selbstständig;
▶ die Gottesdienste strahlen eine gute Atmosphäre aus.

7. *Welchen aktuellen Herausforderungen sieht sich die Gemeinde gegenüber?*

▶ Familienfreundlicher werden;
▶ Freunde zu Mitgliedern machen;
▶ die Ziele der Gemeinde lebendig halten;
▶ geistliches und zahlenmäßiges Wachstum der Gemeinde;
▶ in ein paar Jahren eine gute Jugendarbeit mit den heutigen Kindern starten.

VI. Amerikanische Untersuchungen – Rückschlüsse für deutsche Gemeinden

Im Unterschied zu Deutschland wird das Thema der Comeback-Gemeinden in den USA schon länger diskutiert. So haben sich z.B. George Barna und Gene Wood ausführlich mit diesem Thema beschäftigt. Zunächst möchten wir auf ihre Untersuchungen Bezug nehmen, um anschließend Rückschlüsse für die deutsche Situation zu ziehen.

1. Hinweise für Ortsgemeinden

1. Ein Comeback von Gemeinden ist möglich!
    Barna behauptet, dass ein Comeback von Gemeinden äußerst selten ist: »Pastoren, die eine Gemeinde zu einem Comeback führen können, sind selten, (…) in vielen Fällen ist es verschwendete Zeit, rückläufige Gemeinden zu neuem Leben zu erwecken.«[25] In Nordrhein-Westfalen hat der BFeG 120 Gemeinden, von denen 110 älter als zehn Jahre und somit etablierte Gemeinden sind. Von diesen 110 etablierten Gemeinden haben 30 Prozent in den letzten zehn Jahren ein Mitgliederrückgang von mehr als 10 Prozent erlebt und sind somit als rückläufig zu bezeichnen. Für all diese Gemeinden ist es eine gute Nachricht, dass ein Comeback möglich ist – und zwar mit ganz normalen Menschen!
2. Erfolgreiche Comeback-Gemeinden gibt es nicht nur mit einem Typ von Pastor!
    Liest man Barna und Wood, so könnte man meinen, dass nur der Bill-Hybels-Pastorentyp geeignet ist für ein Gemeinde-Come-

---

25 Barna, S. 25

back: innovativ, dominant, unbändig leistungs- und leitungsstark. Aber in drei der fünf untersuchten Freien evangelischen Gemeinden war der Pastor eher ein integrierender und Frieden stiftender Typ. Diesen Pastoren gelang es, die Situation in der Gemeinde zu beruhigen und eine geistliche Einheit herzustellen, sodass neues Wachstum möglich wurde.

3. Ein Pastor allein bewirkt kein Comeback einer Gemeinde!
   Bei jedem Comeback-Versuch ist ein starkes Team nötig. In etlichen Gemeinden sind die entsprechenden Personen bereits in der Gemeinde, aber bei Weitem nicht immer schon in einer Leitungsposition. In einigen Gemeinden startet das Comeback bereits ohne einen klassischen Pastor allein mit ehrenamtlichen Mitarbeitern. Auch das ist möglich und eine große Chance! Besonders nach Krisen scheint eine pastorenlose Zeit oder ein Interimspastor eine gute Gelegenheit zu echter Konsolidierung zu sein.

4. Offenheit für Veränderung ist unverzichtbar!
   In allen untersuchten Gemeinden ging es nicht ohne große Veränderung ab, was auch mit den Beobachtungen von Barna übereinstimmt[26]. Wo diese Offenheit nicht vorhanden ist, muss zunächst an und für diese Offenheit zur Veränderung gearbeitet

   > Offenheit für Veränderung ist unverzichtbar!

   werden. Rückläufige Gemeinden, die dauerhaft nicht veränderungsbereit sind, die über ihre Vergangenheit nicht trauern und umkehren, werden sterben. Nach unserer Beobachtung sind Veränderungen im Leitungsstil, in der Gottesdienstgestaltung und die Konzentration auf neue evangelistische Formen die sichtbarsten Kennzeichen der Veränderung gewesen. Bemerkenswert ist, dass Willow-Creek-Konferenzen in drei Gemeinden eine wichtige Inspirationsquelle für Veränderung waren.

5. Zerstörerische Konflikte sind ein wichtiger Grund für den Niedergang von Gemeinden!
   Gerade langfristige Konflikte entziehen einer Gemeinde die Kraft, die sie für ihren missionarischen Auftrag und die Weiter-

---

26 Barna, S. 102

entwicklung der Gemeinde brauchen. Wir denken allerdings, dass Wood übertreibt, wenn er behauptet, dass in 95 Prozent aller Fälle Machtkämpfe der Hauptgrund für den Rückgang von Gemeinden sind[27]. Es ist vermutlich auch zu einfach zu sagen, dass in jedem Fall Menschen die Gemeinde verlassen müssen. Bei vielen erfolgreichen Gemeinde-Comebacks haben nur wenige die Gemeinde verlassen, und dann meist freiwillig und ohne Gemeindezucht. Auch in den herausfordernden Zeiten des Comeback-Versuchs ist es für eine Gemeinde wichtig zu spüren, dass die Gemeindeleitung darum bemüht ist, keine einzige Person zu verlieren. Manchmal ist dies unvermeidlich, aber dann möchten die Menschen immer noch das trauernde und liebevolle Herz der Leiter sehen.

6. Raus aus dem Schneckenhaus!

Neben Konflikten ist eine chronische Introvertiertheit ein weiteres Hauptproblem rückläufiger Gemeinden. Zwei der untersuchten Gemeinden hatten zwar keine größeren Konflikte, besaßen aber auch keine angemessenen Leitungsstrukturen und nur wenig wirksame evangelistische Formen. Sie hatten nur wenig Kontakte außerhalb der Gemeinde und mussten in der Gottesdienstgestaltung und anderen Formen der Gemeindearbeit (z.B. Kleingruppen) unbedingt methodisch zeitgemäßer arbeiten. In diesen Gemeinden wirken die Pastoren als Motor für Innovation und Veränderung.

7. Gebäude und Finanzen sind nicht so wichtig wie gedacht!

Bei den untersuchten Gemeinden rangierten sie als Gründe für die Stagnation / den Rückgang der Gemeinde auf dem letzten Platz. Vermutlich werden diese Faktoren oft überbewertet. In der Regel ist es so, dass in etablierten Gemeinden Räume und Finanzen erst dann zum Problem werden, wenn andere Probleme schon lange offensichtlich sind. Finanz- und Gebäudefragen sind also eher Folgeprobleme als Ursachen für den Rückgang von Gemeinden.

---

27 Wood, S. 47

8. Menschen vor Programme!

An dieser Stelle stimmen wir mit Barna[28] überein. In allen untersuchten Gemeinden erwähnten die Gemeindeleitungen das gute Miteinander der Generationen und die Herzlichkeit in den Beziehungen. Diese guten Beziehungen waren die Basis für neue Programme und Strukturen. Auf diesem Nährboden können auch gravierende Veränderungen gut gedeihen.

9. Auf die Jugend achten!

Drei der untersuchten Gemeinden haben einen Großteil ihrer Mitglieder aus den eigenen Reihen, der Gemeindejugend, gewonnen. Es scheint so zu sein, dass Gemeinden, die die eigene Jugend erreichen, auch eher Menschen außerhalb der Gemeinde ansprechen. Die Situation der Jugend in der Gemeinde ist häufig eine Art Seismograf, der anzeigt, ob eine Gemeinde noch die Formen und Fragen der Zeitgenossen im Auge hat. Gemeinden, die ein Comeback wagen wollen, sollten sich immer fragen: Was können wir dafür tun, dass unsere eigenen Jugendlichen sich mit unserer Gemeinde identifizieren und sich angenommen wissen?

10. Die Arbeit hört niemals auf!

Nach einem erfolgreichen Comeback mit neuem Wachstum stellen sich Comeback-Gemeinden automatisch wieder die alten Fragen, die sie längst überwunden glaubten. Dafür einige Beispiele:

▶ Nach einer Wachstumsphase, in der neue Mitglieder viel Aufmerksamkeit erhalten haben, fragen die alten: Wer kümmert sich noch um uns? Und schon orientiert sich die Gemeinde wieder nach innen.

▶ Die neuen Mitglieder bringen sich ein und stoßen neue Veränderungen an: keine Zeit, sich auszuruhen.

▶ Eine wachsende Zahl von Mitgliedern bedeutet ständige Arbeit an neuen Leitungsstrukturen, Kleingruppen etc.

---

28 Barna, S. 82

Bei allen Problemen, die es auch in Comeback-Gemeinden gibt, sollten wir nicht vergessen, dass es nicht darum geht, ein Leben ohne Probleme zu führen. Es geht darum, die traurigen Probleme gegen die schönen einzutauschen!

2. Hinweise für Gemeindebünde

Was kann wiederum ein Gemeindebund oder eine Kirchenleitung tun, um Gemeinden bei einem erfolgreichen Comeback zu unterstützen? Dazu möchten wir fünf Schritte vorschlagen.

Schritt 1: Eine gesunde biblische Grundlage legen

Was sind die biblischen Grundlagen für Comeback-Gemeinden?

Auferstehung: Wir glauben nicht an die Stärke von Menschen oder die Machbarkeit aller Dinge, wenn man sich nur genug anstrengt. Aber wir glauben an den allmächtigen Gott, der Himmel und Erde geschaffen hat. Wir glauben an die Auferstehung seines Sohnes Jesus Christus von den Toten. Darum sind wir überzeugt, dass es für Gott kein Problem ist, neues Leben in rückläufige oder sterbende Gemeinden zu bringen.

Buße: Das griechische Wort *metánoia* bedeutet Umkehr. Es war die zentrale Botschaft der Predigt Jesu, dass Menschen eine Umkehr brauchen (Markus 1,15). Wir alle brauchen eine Umkehr in unserer Beziehung zu Gott von Zeit zu Zeit. Das Comeback einer Gemeinde beginnt nicht mit Methoden oder Projekten, sondern mit der geistlichen Einsicht, dass wir Buße und Neuanfang für ein Comeback, für einen Neustart mit Gott, benötigen.

Christus: Das Comeback einer Gemeinde stellt eine große Herausforderung dar und bedeutet viel Arbeit. Aber unsere Arbeit allein wird kein erfolgreiches Gemeinde-Comeback bewirken. Jesus selbst sagt seinen Jüngern (Johannes 15,8): »Ohne mich könnt ihr nichts tun.« Wir wollen darum bei allen Planungen und Projekten immer wieder fragen: Herr, was willst du durch uns tun?

Diagnose: Weil Christen sich von ihrem Herrn geliebt und ange-nommen wissen, können sie sich ohne Furcht der Wahrheit stellen. Ohne eine ehrliche Diagnose, die auch schmerzhafte Wahrheiten ans Licht bringt, gibt es kein erfolgreiches Comeback einer Ge-meinde. Jesus sagt (Johannes 8,32): »Ihr werdet die Wahrheit erken-nen und die Wahrheit wird euch frei machen.«

Einbringen: Mit allen Fehlern und Schwächen gebraucht Jesus doch seine Jünger. Wir dürfen uns einbringen mit dem, was Jesus selbst uns gibt. Er sendet uns (Johannes 20,21). Wer am Comeback einer Gemeinde mitarbeitet, ist Teil dieser Sendung Jesu. Welch eine Ehre!

Schritt 2: Vertrauensbrücken bauen

Rückläufige Gemeinden fühlen sich häufig von ihren Gemeinde-bünden vernachlässigt, ob berechtigt oder nicht. Sie haben den Ein-druck, dass man sich viel mit Gemeindegründung und wachsenden Gemeinden beschäftigt, aber sich anscheinend niemand um sie kümmert, ob-wohl auch sie hart arbeiten, auch wenn sie nicht so viele Erfolge vorweisen können.

> Wer am Comeback einer Gemeinde mitarbeitet, ist Teil der Sendung Jesu. Welch eine Ehre!

Es ist wichtig, solche Gemeinden zu ermuti-gen und ihre Nöte wirklich wahrzunehmen. Im BFeG wurde aus diesem Grund eine Arbeitsgruppe mit dem Namen »Neue Perspektiven« gegründet. In acht Treffen mit Pastoren und einem Treffen mit den Leitungskreisen wurde nicht nur über das Thema Gemeindeaufbau referiert, sondern vor allem sehr viel mit-einander gesprochen und aufeinander gehört. Gerade durch diese Gespräche fühlten sich die Gemeindeleitungen und Pastoren wert-geschätzt und ermutigt.

Vorhandene Vertrauensbrücken helfen bei konkreten Konflikten und Fragestellungen leichter, einen gemeinsamen Weg zu finden. Sie helfen auch, unangenehme Dinge anzusprechen, um so wirkli-che Lösungen für die Zukunft der Gemeinden zu finden.

Schritt 3: Den Fakten ins Auge sehen

Wir stimmen Andy Stanley zu, der über den Mut zur Wahrheit Folgendes geschrieben hat[29]: »Führungspersönlichkeiten verstecken sich nicht vor der Wahrheit. Die Pein des Entdeckens ist der erste Schritt zur Veränderung. Wenn Sie überhaupt etwas fürchten, dann fürchten Sie, nicht die Wahrheit darüber zu wissen, was um Sie herum geschieht. In einer Führungsaufgabe ist Wirklichkeitsverlust gleichzusetzen mit der letzten Ölung.«

Es gibt einige unbequeme Wahrheiten, die Gemeindeleiter in Deutschland wissen sollten.

a) Ein Großteil der etablierten Gemeinden (älter als 10 Jahre) hat eine eindeutig rückläufige Entwicklung (30 Prozent der Freien evangelischen Gemeinden haben in den letzten 10 Jahren mindestens 10 Prozent der Mitglieder verloren).

b) Der demografische Wandel wird die Zahl rückläufiger und sterbender Gemeinden weiter erhöhen, vermutlich in jeder etablierten Kirche oder Freikirche.

c) Das Comeback von Gemeinde ist möglich, aber erfordert einen hohen Einsatz: Pastoren und Gemeindeleitungen müssen ihre Rollen neu definieren, um ein Comeback der Gemeinde zu fördern und nicht zu bremsen. Und: Die Gemeinde muss offen sein für gravierende Veränderungen.

d) Nicht jeder Comeback-Versuch wird gelingen.

Die Botschaft, dass jeder Comeback-Versuch gelingt, wenn er nur richtig geplant wird, ist schlichtweg falsch. Einige Comeback-Versuche kommen zu spät, andere verlaufen unter so schwierigen Bedingungen, dass sie trotz aller Mühe scheitern. Es wäre ein zusätzlicher unangemessener Druck für Pastoren und Leiter, wenn wir behaupten würden: Wenn ihr alles richtig macht, dann muss es klappen. Das würde Gottes Souveränität in Zweifel ziehen. Die Botschaft sollte darum lauten: Es ist nicht tragisch, wenn der Comeback-Versuch einer rückläufigen Gemeinde misslingt. Aber es ist

---

29 Stanley, S. 76

tragisch, wenn eine rückläufige Gemeinde keinen einzigen Come-back-Versuch unternimmt.

Schritt 4: Begabte Mitarbeiter für das Comeback ausbilden

Wir haben bereits sehr gute Werkzeuge und spezielle Seminare für Gemeindegründer und für viele Aspekte des Gemeindewachstums. Aber wir brauchen auch mindestens drei Dinge, um Mitarbeiter in Comeback-Gemeinden zu unterstützen:

a) *Ausbildung:* Literatur; Assessment-Center, um geeignete Pastoren zu finden; Seminare für Gemeindeleitungen, Mentoring-Programme (für einzelne Leiter oder ganze Gemeinden). Diese Fragen sollten sowohl in Kirchenleitungen als auch an theologischen Ausbildungsstätten diskutiert werden.

b) *Anerkennung:* Wir sollten Mitarbeitern, die sich ehrenamtlich oder hauptberuflich beim Comeback einer Gemeinde engagieren, die Anerkennung geben, die wir Pastoren in großen Gemeinden oder Gemeindegründern vermitteln. Beim Comeback einer Gemeinde mitzuarbeiten ist nichts für die, die auch sonst nirgendwo zu gebrauchen wären. Der Comeback-Versuch einer Gemeinde ist ein geistliches Abenteuer. Ein Comeback braucht begabte, belastbare und hoch motivierte Menschen, die sich in ihrem Glauben und Dienst ganz Jesus Christus hingeben.

> Ein Comeback braucht begabte, belastbare und hoch motivierte Menschen, die sich in ihrem Glauben und Dienst ganz Jesus Christus hingeben.

c) *Akquisition von Finanzen:* Einige Comeback-Versuche werden nur dann erfolgreich sein können, wenn sie finanzielle Unterstützung erfahren. Diese sollte allerdings mit einer genauen Gemeindeanalyse und klaren Maßnahmen und Zielen verbunden sein, damit nicht einfach das Sterben von Gemeinden verlängert wird. Denkbar wäre, dass ein bestimmter Zuschussbetrag ähnlich wie bei Gemeindegründungen über mehrere Jahre sukzessive abgebaut wird. Bisher gibt es dafür unseres Wissens nach allerdings kaum Budgets in Kirchen oder Gemeindeverbänden.

Schritt 5: Jeder erfährt Unterstützung

Um Comeback-Gemeinden zu unterstützen, werden wir künftig verstärkt Coaches und Interimspastoren brauchen, die für eine begrenzte Zeit von vielleicht 1 bis 3 Jahren in eine Gemeinde hineingehen, um Konflikte zu klären oder auch um bestimmte Veränderungen durchzuführen. Das kann nicht allein von externen Gemeindeberatern oder Superintendenten in zwei bis fünf Treffen geleistet werden. Hier sind Menschen nötig, die für eine bestimmte Zeit ganz tief in die Situation der Gemeinde eintauchen, aber auch bereit sind, sich schnell wieder herauszuziehen. Nach unserer Beobachtung sind dafür ältere und erfahrene Pastoren mit einer besonderen seelsorgerlichen Begabung gut geeignet.

Begleitung sollten aber auch die Gemeinden erfahren, die nicht willens oder in der Lage sind, sich noch mal grundlegend zu verändern. Sie brauchen seelsorgerliche Betreuung und Trost im Sterbeprozess ihrer Gemeinde. Wunden der Enttäuschung und der Trauer müssen behandelt werden. Es sollte aber auch mit ihnen besprochen werden, was mit ihrem Gemeindehaus sowie anderem Vermögen der Gemeinde, soweit vorhanden, geschehen soll. Gemeinden können auch durch solche Vermächtnisse ein bleibender Segen für andere Gemeinden und damit für Gottes Reich insgesamt werden. Ebenso sollte darüber gesprochen werden, wo die Mitglieder nach der Schließung der Gemeinde eine neue geistliche Heimat finden können. Auch an der Begleitung sterbender Gemeinden zeigt sich, ob Christen die Liebe leben, von der sie so viel reden.

VII. TOOLBOX – Praktische Impulse für die Gemeindearbeit

Wenden wir uns nun den wichtigsten Herausforderungen zu, die für eine positive Gemeindeentwicklung verantwortlich sind:

- ▶ Mitarbeiter finden, entwickeln und begleiten
- ▶ Mit Teams arbeiten
- ▶ Die gesunde Perspektive
- ▶ Veränderungen gestalten
- ▶ Klare Leitung
- ▶ Hilfreiche Strukturen entwickeln
- ▶ Konflikte lösungsorientiert bearbeiten
- ▶ Evangelisation neu entdecken

Wir sind zutiefst davon überzeugt, dass Gott in Ihrer Gemeinde alles angelegt hat, was Sie zur Weiterentwicklung brauchen. Wir sind davon überzeugt, dass Gott Ihre Gemeinde reich ausgestattet hat. Ihre Gemeinde ist ein echtes Wunderwerk, eine einzigartige, von Gott geliebte Gemeinschaft. Es ist Gottes ureigenster Wunsch, dass es Ihre Gemeinde gibt. Er hat alles für sie getan und vorbereitet. Gott hat Hoffnung für Ihre Gemeinde, und er hat wunderbar begabte Menschen in Ihre Gemeinde hineingestellt. Alles, was Sie brauchen, ist schon da oder wird Gott rechtzeitig geben!

Es ist sicher hilfreich, sich zunächst einen Überblick über die TOOLBOX zu verschaffen. Es ist nicht zu empfehlen, alle Themen gleichzeitig zu diskutieren und aufzugreifen. Machen Sie nicht alles gleichzeitig! Identifizieren Sie zunächst einen Bereich, der für Sie als Nächstes neu zu bearbeiten ist. Später können Sie einen zweiten Bereich aufgreifen. Dann wird keiner überfordert.

Es ist wenig hilfreich, wenn eine Gemeinde durch immer neue Impulse ständig zu weiteren Aktivitäten herausgefordert wird. Gerade wenn ich etwas Neues einführen und entwickeln möchte, ist es sogar manchmal notwendig, anderes zu lassen. In jedem Fall brauche ich die Gelassenheit, nicht alles immer perfekt machen zu müssen. Ich gehe mit meiner Gemeinde einen Weg. Die Frage muss lauten: Was ist aktuell dran? Was ist die Herausforderung, die wir in den nächsten Monaten anzugehen haben? Was ist unser Beitrag für unser Dorf, für unsere Stadt? Wie können wir noch besser unserer Umgebung dienen und das weitergeben, was Gott uns anvertraut?

> Was ist die Herausforderung, die wir in den nächsten Monaten anzugehen haben? ·

Das bedeutet auch: Ich muss als Gemeinde nicht all das haben und machen, was die Nachbargemeinde hat und tut. Warum sich nicht in guter Weise ergänzen und sich sowohl über die eigenen als auch die Stärken der anderen Kirchen und Gemeinden freuen? Manchmal ist es sogar angebracht, bei einzelnen der genannten Themen zusammenzuarbeiten. Unsere Erfahrung ist: Wenn Gemeinden auch unterschiedlicher Konfession oder Denomination zusammenarbeiten, profitieren alle Beteiligten davon, und das gemeinsame Zeugnis vor Ort wird gestärkt.

Wir wünschen uns, dass Sie durch dieses Buch nicht nur Informationen aufnehmen, sondern in die Lage versetzt werden, mit Ihrer Gemeinde konkrete Schritte voranzugehen. Wir brauchen mehr fröhlich glaubende, gut arbeitende, gesunde Gemeinden in Deutschland!

1. Mitarbeiter finden, entwickeln und begleiten

Überlegen Sie kurz: In welchen Bereichen Ihrer Gemeinde wird gearbeitet?

Es ist hilfreich, mit der Gemeindeleitung auf einer Flipchart einmal alle Arbeitsbereiche und Aktivitäten aufzuschreiben – mit den Namen der jeweiligen Mitarbeiter. Es ist immer wieder überraschend, wie viele sich einbringen. Und die meiste Arbeit wird von Ehrenamtlichen geleistet. Nehmen wir den sonntäglichen Gottesdienst. Damit er stattfinden kann, sind hier – je nach Gemeindeform – beteiligt: Putzdienst, Begrüßungsteam, Büchertischbetreuung, Kindermitarbeiter, Blumendienst, Moderator, Musiker, Prediger, Kollektensammler, Techniker, Cafeteria-Team. Sonntag für Sonntag wird mit einem Mitarbeiterteam eine Großveranstaltung durchgeführt – und das über viele Jahre hinweg ohne Unterbrechungen.

Viele Gemeindeleitungen haben oft nur die Mangelsituation in einem Einzelbereich im Blick: »Frau X ist weggezogen – wer kann denn jetzt die Arbeit übernehmen?« Wir plädieren dafür, zunächst eine andere Perspektive einzunehmen: »Wir sind viele tolle Leute! Wir bewegen etwas. Gemeinsam sind wir stark! Alle dürfen, müssen, sollen mitmachen!«

Freikirchliche Gemeinden haben das in ihrer Genetik eingebaut, aber auch für volkskirchliche Strukturen gilt: Der Lebenspuls von Gemeinde schlägt bei den vielen sogenannten Laien, die sich, von Gott begabt, in die Gemeinde einbringen. Die Zukunft Ihrer Gemeinde hängt davon ab, ob es Ihnen (weiterhin) gelingt, die Kräfte der Mitarbeiter zu bündeln. Immer mehr Gemeinden können sich schon allein finanziell kein bezahltes Personal mehr leisten. Davon abgesehen wird die Arbeit auch nicht gleich besser gemacht.

Viele Laien bringen sich engagiert und hoch motiviert in ihre Gemeinde ein. Manche begeistern sich für ein einzelnes Projekt, andere sind kontinuierlich dabei und haben sich mit einer Aufgabe tief identifiziert. Es gilt, Mitarbeiter nicht nur zu gewinnen, sondern sie auch angemessen zu begleiten. Mitarbeiter müssen ermutigt, gefördert und in ihren Begabungen bestärkt werden. Diese Aufgabe besitzt Priorität Nr. 1 und ist auf der Leitungsebene angesiedelt. Welche Aspekte sind dabei zu beachten?

Den »richtigen« Mitarbeiter finden

Es beginnt natürlich damit, Mitarbeiter und Aufgaben überhaupt erst einmal zusammenzubringen. Wie geschieht das? Sicher gibt es Aufgaben, für die sich leichter geeignete Mitarbeiter finden lassen. Man kann z.B. im Gottesdienst bei den Bekanntmachungen fragen lassen: »Wer backt Kuchen für den nächsten Basar? Hinten am

Schriftentisch liegt eine Liste aus …« Ich kann den Gemeindebrief nutzen oder sogar in der lokalen Zeitung eine Anzeige schalten: »Kuchenbäcker für Basar gesucht! Wer hat Lust …« Solche Anfragen können auch in den Bereichen Gartenarbeit, Putzen oder Renovierungen erfolgreich sein.

Manchmal bleibt die Liste leer. Dann ist die persönliche Einzelansprache unabdingbar. Für alle qualifizierten Aufgaben ist von allgemeinen Aufrufen unbedingt abzusehen.

Wenn wir fragen, wer Lust hat, im Kindergottesdienst mitzuarbeiten, sich an der Moderation von Gottesdiensten zu beteiligen oder einen Hauskreis zu leiten, dann werden sich sicher vereinzelt die »Richtigen« melden. Aber es ist wirklich schwer, lieblos und kräftezehrend, all die »Falschen« wieder aus der Mitarbeiterakquisition herauszunehmen.

Folgendes Beispiel veranschaulicht die Problematik besonders auffällig: Ein Pastor lädt öffentlich die Mitglieder seiner Gemeinde ein, in einem Arbeitskreis für Seelsorge mitzuarbeiten. Die Resonanz ist überwältigend. Etwa 20 MitarbeiterInnen finden sich zu den Treffen ein und sind bereit, sich um andere Menschen zu kümmern. Zeitgleich existiert eine vertrauliche Liste in der Gemeindeleitung, auf der all die Personen aufgeführt sind, die in besonderer Weise Unterstützung bzw. Seelsorge brauchen. Der Vergleich der beiden Gruppen ist alarmierend: Etwa zwei Drittel der Seelsorgebedürftigen hatten sich für den Mitarbeiterkreis gemeldet. Es bedurfte einiger Sensibilität, um den unsinnigen Kreis wieder aufzulösen.

Stattdessen wurde nach einiger Zeit ein neuer Arbeitskreis mit dem Namen »Barnabas« ins Leben gerufen. Dazu gab es keinen öffentlichen Aufruf. Es wurde in der Leitung überlegt: »Wer ist denn schon an der Arbeit? Wer wird als SeelsorgerIn nachgefragt? Wer tut den Job?« Der Pastor konnte seine Erfahrungen einbringen und erzählen, wem er als SeelsorgerIn informell an Krankenbetten begegnet war. Außerdem konnten die LeiterInnen der einzelnen Arbeitsbereiche nach geeigneten Hinweisen befragt werden. Zum guten Schluss wurde ein Team zusammengestellt, das unterschiedliche Kompetenzen und Zielgruppen für Seelsorge abdeckte.

Wie können wir die »richtigen« Mitarbeiter finden? Die geschilderten Situationen zeigen: Wir fragen als Verantwortliche verschiedene Personenkreise und sammeln Vorschläge. Diese Vorschläge besprechen wir mit eventuell zuständigen Gremien oder anderen leitenden MitarbeiterInnen, die sich auf Mitarbeiterführung verstehen.

Wir fragen und überlegen:

▶ In welchem Bereich arbeitet der Mitarbeiter am besten?
▶ Decken sich seine Neigungen mit den Aufgaben,
   die ihm übertragen werden sollen?
▶ Wie ist die Arbeitsweise des potenziellen Mitarbeiters?
▶ Erfordert die Aufgabe Teamfähigkeit? Wenn ja,
   ist sie vorhanden? Und: Passt der Mitarbeiter ins Team?
▶ Ist der Zeitpunkt günstig? Oder spricht die momentane
   berufliche oder familiäre Situation dagegen, dass der
   Mitarbeiter die neue Aufgabe übernimmt?
▶ Wie schätzen wir den Mitarbeiter charakterlich ein?
   Was ist seine Motivation zur Mitarbeit?

Wir treffen keine übereilten Entscheidungen: Wir beraten und beten. Dabei sind wir davon überzeugt, dass es nicht nur darum geht, einen Mitarbeiter zu gewinnen, sondern sich echte Berufungen ergeben können.

Ein persönliches Erstgespräch führen

Gehen wir davon aus, dass wir den »richtigen« Mitarbeiter ausfindig gemacht haben: Wie geht es weiter? Was ist zu beachten?

Es versteht sich von selbst, dass wir Mitarbeiter nicht mit einer kurzen E-Mail anfragen:

»Hallo, wie sieht's aus? Will nur kurz mal nachfragen: Wir brauchen noch einen neuen Hauskreisleiter, gib mir doch bitte wenn möglich bis morgen früh Bescheid, LG Rudi

PS: Du schaffst das schon …«

Auch nach einer Veranstaltung, z.B. am Ausgang nach dem Gottesdienst, ist nicht die beste Gelegenheit, um im Gedränge schnell noch einen Mitarbeiter anzufragen. Manchmal ist ein Telefongespräch geeignet, Zeit und Ruhe vorausgesetzt, vielleicht auch eine gewisse Vertrautheit. Am besten geeignet ist allerdings das persönliche Gespräch. Oft ist es sogar unerlässlich, sich persönlich zusammenzusetzen. Ein persönliches Gespräch ist ein Ausdruck von Wertschätzung. Es unterstreicht die Wichtigkeit der Anfrage und schafft den besten Rahmen, um alle notwendigen Informationen und Gesichtspunkte der möglichen Mitarbeit zu besprechen.

Welche Gesichtspunkte könnten in einem persönlichen Erstgespräch angesprochen werden?

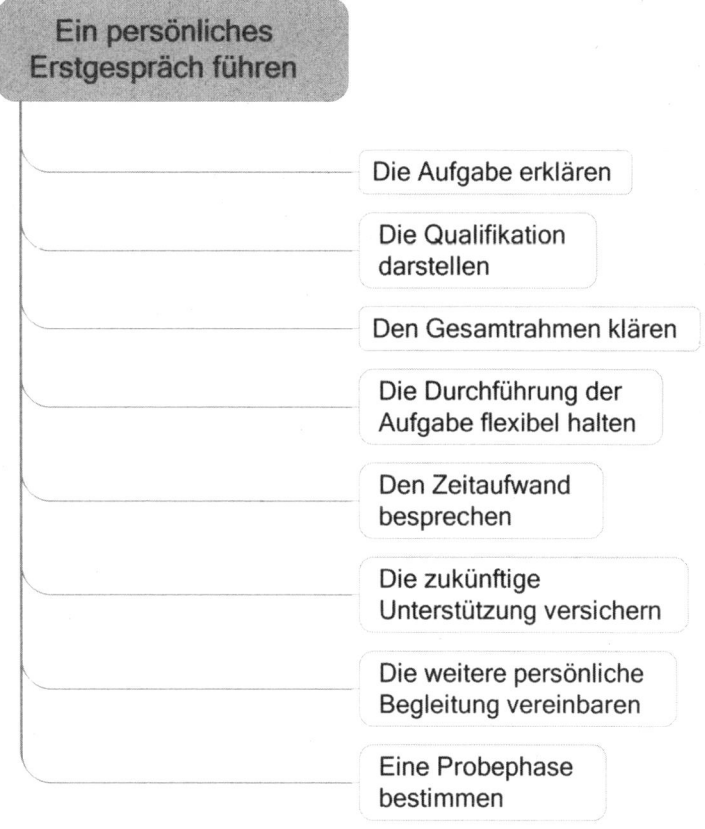

Abb. 17

Die Aufgabe erklären

Ich erkläre die Aufgabe: Was ist zu tun? Um was geht es? Was ist das Ziel der bestehenden oder auch zu gründenden Arbeit?

Die Qualifikation darstellen

Das ist vielleicht der entscheidende Punkt. Er beantwortet die Frage: Warum gerade ich? Warum ist man auf mich gekommen? Zufall? Notlösung? Was steckt hinter der Anfrage?

Jetzt zeigt sich, ob vorher gut gearbeitet und recherchiert wurde. Als anfragender Mitarbeiter kann ich idealerweise persönlich und spezifisch erklären, warum die Wahl gerade auf meinen Gesprächspartner gefallen ist.

Nehmen wir das Beispiel eines Kindergottesdienst-Mitarbeiters: »Wir haben an Sie gedacht, weil …

▶ wir beobachtet haben, dass Sie einen Draht zu Kindern haben. Die Kinder mögen Sie!
▶ uns von X berichtet worden ist, dass Sie auch schon in der Nachbarschaft einen Kindernachmittag organisiert haben. Sie können super Geschichten erzählen, die Kinder hängen an Ihren Lippen.
▶ wir auch den Eindruck haben, dass Sie selber Kinder mögen.
▶ uns Kinder in unserer Gemeinde sehr wichtig sind. Im Kindergottesdienst versuchen wir, ihnen die Liebe Gottes nahezubringen.
▶ wir davon überzeugt sind, dass Sie genau richtig für die Kinder sind.

Wir würden uns sehr freuen, wenn Sie über diese Aufgabe einmal nachdenken und das vielleicht auch mit Ihrem Ehepartner durchsprechen.«

Den Gesamtrahmen klären

Hierzu können wir erläutern, wie die jeweilige Arbeit organisiert und strukturiert ist. Dabei sind Fragen zu besprechen wie:

- ▶ Wer leitet die Arbeit?
- ▶ Wem wäre der neue Mitarbeiter zugeordnet?
- ▶ Gibt es weitere Mitarbeiter? Für wen würde er selber verantwortlich sein?
- ▶ Gibt es irgendwelche Ordnungen, Satzungen, Leitbilder, die eine Rolle spielen?
- ▶ Welchen Stellenwert hat der Arbeitsbereich in der Gemeinde? Wie ist die Verbindung zu anderen Bereichen?

Die Durchführung der Aufgabe

Hierbei kann es sehr unterschiedliche Vorgaben geben. Bei sehr erfahrenen, kompetenten Mitarbeitern, die eine leitende Aufgabe übernehmen sollen, ist es ratsam, eher weniger Vorgaben zu machen. Der Mitarbeiter weiß vermutlich am besten, wie die entsprechende Aufgabe anzupacken ist.

Beispiel: Wenn ich als Gemeindepastor für den Bereich Öffentlichkeitsarbeit einen Mitarbeiter anfrage, der sein Geld als Leiter der Öffentlichkeitsarbeit eines regionalen Energieversorgers verdient, halte ich mich bescheiden zurück. Ich spreche mit einem Profi, der eine große Kompetenz in dem angesprochenen Bereich mitbringt. Dem zu gewinnenden Mitarbeiter brauche ich nicht zu erklären, dass zur Öffentlichkeitsarbeit ein Gemeindebrief, ein Internetauftritt, eine Imagebroschüre, die Erstellung von Einladungen sowie regelmäßige Pressemeldungen gehören. Eine allgemeine Anfrage ist angemessen. Natürlich stehen wir für Rückfragen zur Verfügung.

Sprecke ich dagegen mit einer Mitarbeiterin für den Bereich Gottesdienst und die betreffende Person hat in diesem Bereich bisher wenig Erfahrung, dann ist es meine Aufgabe, möglichst viele Informationen weiterzugeben und in besonderer Weise eine angemessene Unterstützung zu gewährleisten. Ich erkläre die Aufgabe sehr detailliert, händige möglicherweise vorhandene Aufgabenprofile aus, stelle einen Kontakt zum bisherigen Leiter her und ermutige sehr stark, die Herausforderung aufzugreifen.

Den Zeitaufwand besprechen

Bezüglich des erforderlichen zeitlichen Engagements »verkaufen« wir keine Mogelpackung. Geht es z.b. um die Mitarbeit im Kindergottesdienst, dann erläutern wir offen, wie oft der Einsatz gefragt ist (z.B. einmal monatlich), wie viel Vorbereitungszeit einzuplanen ist, welche Mitarbeitersitzungen hinzukommen etc.

Die zukünftige Unterstützung versichern

Wenn Sie über die zukünftige Unterstützung ins Gespräch kommen, wird deutlich, wie wichtig Ihnen Ihre Mitarbeiter auch nach der Einsetzung in eine Aufgabe sind. Ist der neue Mitarbeiter auf sich selbst gestellt? Soll er einfach »funktionieren«? Kann er, nachdem er Ja gesagt hat, auf Unterstützung hoffen, oder ist er seinem Schicksal überlassen?

Manche Gemeinden finden nur schwer neue Mitarbeiter, wenn jeder sich selbst überlassen als Einzelkämpfer unterwegs ist.

Manche Gemeinden finden nur schwer neue Mitarbeiter, wenn jeder sich selbst überlassen als Einzelkämpfer unterwegs ist. Keiner fragt mehr nach, die notwendigen finanziellen Mittel (für Material etc.) sind am besten selbst aufzubringen, und wenn einmal etwas danebengeht, steht man mit der Kritik auch allein da.

▶ Sprechen Sie über Schulungsangebote,
   die Ihren Mitarbeiter weiterbringen.
▶ Überlegen Sie gemeinsam, welche Literatur oder
   Software hilfreich sein könnte.
▶ Stellen Sie sicher, dass die notwendigen finanziellen
   Mittel bereitstehen.
▶ Erläutern Sie, welche Mitarbeiter zur Verfügung stehen.

Die weitere persönliche Begleitung vereinbaren

Hierbei geht es darum, nicht nur am Anfang die mögliche Mitarbeit zu besprechen. Sie überlegen gemeinsam, wie der Mitarbeiter zukünftig begleitet wird. Sie klären, wer zukünftig Ansprechpartner ist für offene Fragen, Konflikte oder sonstigen Beratungsbedarf.

Viele Mitarbeiter wünschen sich für ihre Arbeit ein qualifiziertes Feedback. Sie möchten sich weiterentwickeln. Überlegen Sie:

▶ Wer wäre in der Lage, solche Rückmeldungen zu geben?
▶ Wer ermutigt, fordert heraus?

Idealerweise wird jeder Mitarbeiter von einem Coach oder Mentor begleitet.

Eine Probephase bestimmen

Neuen Mitarbeitern hilft es sehr, am Anfang eine Probephase zu vereinbaren. Auch wenn in einem persönlichen Gespräch die Aufgabe und ihre Rahmenbedingungen angemessen besprochen werden und der Mitarbeiter somit weiß, »was auf ihn zukommt«, bleibt immer eine Unsicherheit.

Die Probephase ist eine echte Vereinbarung. Die Zusammenarbeit kann beidseitig gelöst werden. Die Dauer kann ganz verschieden abgesprochen werden: je komplexer die Aufgabe, umso länger die mögliche Probephase (bis zu zwei Jahren). Geht es um eine einfachere Tätigkeit, kann es um eine kurze Testphase von drei, vier Wochen gehen.

Wenn wir solch ein beschriebenes Erstgespräch führen, wird deutlich: Es geht nicht um eine schnelle Akquisition. Das Erstgespräch ist der Einstieg in eine kontinuierliche Mitarbeiterbegleitung. Jeder bringt sich mit seinen Fähigkeiten motiviert ein. Dabei begleiten wir uns, ermutigen und fördern uns, fordern uns heraus. Wir erreichen gemeinsam Ziele und tragen uns liebevoll durch Niederlagen hindurch.

Eine besonders schöne Form der Zusammenarbeit ist dabei die sogenannte Teamarbeit, über die wir im nächsten Abschnitt nachdenken.

Für das Gespräch in Leitungs- und Mitarbeiterkreisen

Mit der folgenden Skalenfrage können Sie Ihre momentane Mitarbeitersituation diskutieren. Sie sprechen über das, was schon gut funktioniert, und überlegen, wie Sie noch besser Ihre Mitarbeiter gewinnen und begleiten können.

Ausgangspunkt der Überlegungen ist Ihre Einschätzung. Markieren Sie auf der Skala Ihre momentane Bewertung! Die »0« stellt die denkbar ungünstigste Situation dar. »10« steht für den Idealzustand: »Alles ist so wie im Lehrbuch, alle Mitarbeiter sind am richtigen Platz und arbeiten begeistert mit, sie werden bestens begleitet.«

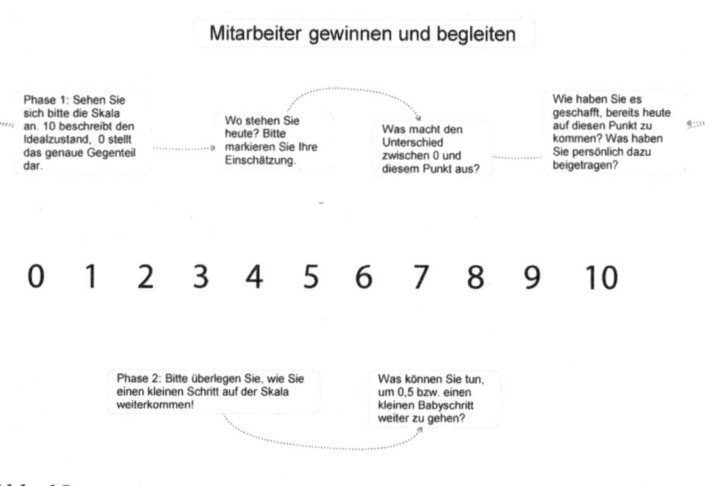

Abb. 18

In der ersten Gesprächsphase überlegen Sie:
▶ Was macht den Unterschied zwischen 0 und diesem Punkt aus?
▶ Wie haben wir es geschafft, bereits heute auf diesen Punkt zu kommen?
▶ Was haben wir persönlich dazu beigetragen?

So haben Teilnehmer eines Leiterkurses bspw. in dieser Phase folgende Beiträge zusammengetragen:

Mit mir wurden zwei persönliche Gespräche geführt.
Ich durfte Schulungen besuchen.
Wir haben eine Probezeit vereinbart.
Es gibt bei uns das Angebot von Seelsorge.
In unserer Gemeinde gibt es ein Bewusstsein für Mitarbeiter.
Wir treffen uns als Mitarbeiterkreis. Dabei arbeiten wir nicht nur, sondern wir haben immer auch einen Teil, bei dem Christus in der Mitte ist und wir gemeinsam beten.
Wir bekommen genügend Geld und haben prima Räume.
Bei uns wird gezielt geguckt, wer Potenzial zur Mitarbeit hat.
Es geht nicht nur um den Job, sondern wir pflegen auch persönliche Beziehungen und verbringen Zeit miteinander.
Wir dürfen Fehler machen.
Wir führen D.I.E.N.S.T.-Seminare durch.
Ich durfte Schritt für Schritt in meine Aufgabe hineinwachsen.
Mir hilft es, in einer guten Struktur zu arbeiten.
Ich habe eine Jobbeschreibung bekommen.
Bei uns wird GEDULD großgeschrieben.
Ich schätze es sehr, dass wir auch etwas ausprobieren dürfen.

In der zweiten Gesprächsphase geht es um Fragen wie:
- ▶ Wie können wir einen kleinen Schritt auf der Skala weiterkommen?
- ▶ Was können wir tun, um 0,5 bzw. einen kleinen Babyschritt weiter zu gehen?

2. Mit Teams arbeiten

»Im Team geht's besser« – das klingt zunächst einsichtig, positiv, optimistisch. Sie werden nicht gleich widersprechen. Aber vermutlich sind Ihre Erfahrungen mit der sogenannten »Teamarbeit« gemischt. Sie denken an Situationen wie:
- ▶ Sie sitzen in einem »Team« und fühlen sich einfach unwohl.
- ▶ Nach mehreren Sitzungen wird die Arbeit ergebnislos eingestellt.

- Zusammenkünfte geraten zu Schlachtfeldern, weil ein Teilnehmer emotional richtig hochgeht.
- Die Treffen sind schlecht geleitet, es wird überwiegend ziellos herumgequatscht.
- Die Treffen ziehen sich endlos hin.
- Sie haben den Eindruck, allein oder zu zweit wäre es einfacher, schneller und besser gegangen.

Aber es gibt auch die anderen Erfahrungen: Teamarbeit macht richtig Spaß, führt zu guten Ergebnissen und beschenkt uns mit einer tiefen Sinnerfüllung. Teilnehmern eines Seminars in Berlin wurde die Frage gestellt: Was führt bei Ihnen dazu, dass Teamarbeit richtig Spaß macht? Sie berichteten über ihre Sternstunden und schrieben folgende Stichworte und Sätze auf:

Am gleichen Strang ziehen
Kein Hierarchiedenken, jeder hat den gleichen Stellenwert
Gute Vorbereitung im Gebet
Interesse aneinander
Ohne Zeitdruck arbeiten
Offenheit
Ehrlichkeit
Konstruktive Kritik
Gegenseitige Wertschätzung
Streitigkeiten werden ausgeräumt
Kompetenzen sind geregelt
Persönliche Beziehungen werden gepflegt
Es ist ein klares Ziel vorhanden, jeder versucht durch seinen Einsatz das gemeinsame Ziel zu erreichen
Jeder wird angenommen, wie er ist
Gabenorientiertes Arbeiten
Meinungsverschiedenheiten werden zugelassen

Wenn mehrere Personen sich treffen, entsteht nicht gleich Teamarbeit. Wie geschieht echte Teamarbeit? Was sind grundlegende Faktoren für eine gelingende Zusammenarbeit? Im Folgenden stellen wir Ihnen zunächst ein einfaches Fördermodell für Teams vor. Teamarbeit gelingt, wenn immer wieder vier Fragen geklärt werden:

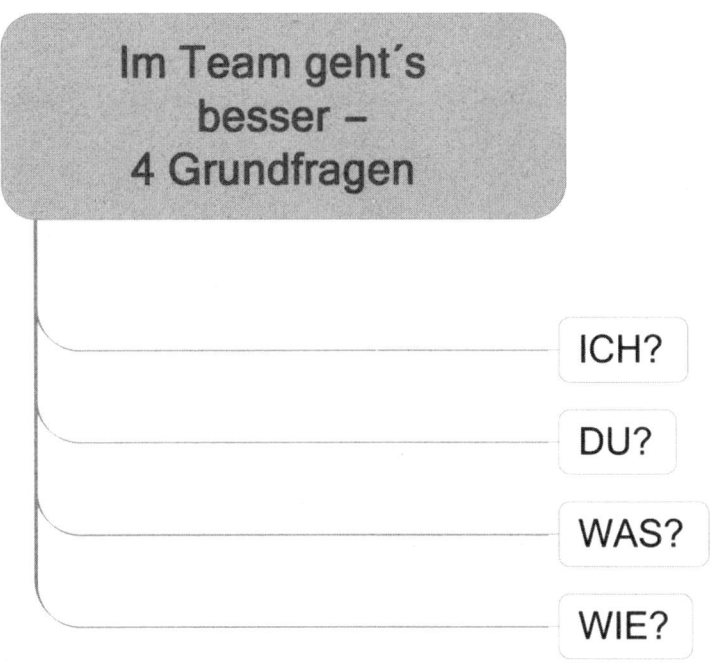

Abb. 19

ICH?	–	Warum bin ICH hier?
DU?	–	Warum bist DU hier?
WAS?	–	WAS sollen wir tun?
WIE?	–	WIE sollen wir es tun?

ICH? – Warum bin ICH hier?

Manchmal werden wir in ein Gremium hineinberufen, über das wir so gut wie nichts wissen. Ich weiß nicht, wozu ICH jetzt da bin. Ich fühle mich unsicher, habe Angst, verhalte mich zurückhaltend, gehe z.B. bei der Verteilung von Aufgaben in Abwehrstellung. Eine erste Sitzung kann Stress bedeuten.

Idealerweise weiß ich in einem Team, warum ICH dabei bin. Ich fühle mich angenommen, ich habe den Eindruck, dass ich dazugehöre. Mehr und mehr fühle ich mich als unverzichtbarer Teil des Teams. Ich kann sagen: »Ich weiß genau, was ich in mein Team einbringe; der Erfolg des Teams hilft mir bei meinen eigenen Zielen und Interessen. Die Ziele und Interessen des Teams decken sich mit meinen eigenen. Ich kann meine Arbeit mit dem Team besser machen als alleine.«

DU? – Warum bist DU hier?

Wenn ich weiß, warum und wozu ich da bin, dann ist eine gute Grundlage gelegt. Die zweite Frage schließt sich an: Warum sind die anderen da? Wer sind sie? Was ist ihre Rolle? Was bringen sie ein? Wenn ich die anderen und ihre Funktion nicht kenne, verhalte ich mich vorsichtig. Ich werde mich schützen und zunächst eine gesicherte Fassade aufbauen. Sind die anderen mir suspekt, werde ich sogar misstrauisch sein.

Idealerweise vertraue ich den anderen und rechne ihrerseits mit ihrer Wertschätzung. In einem geschützten Rahmen kann ich mich zeigen, wie ich bin. Ich bin spontan, traue mich auch, einen verrückten Gedanken zu äußern. Ich habe keine Angst vor Missverständnissen. Da ich wie alle anderen auch präzise und rechtzeitig über alles informiert werde, hege ich kein Misstrauen. Ich erlebe mein Team als sicheren Ort mit sicheren Personen. Ich kann sagen: »Ich weiß genau, was jeder andere in unser Team einbringt. Ich habe das Gefühl, dass alle Teammitglieder sich den Zielen des Teams verpflichtet haben. Ich bin der Überzeugung, dass alle einen guten Job machen. Ich denke, dass alle meine Mitgliedschaft und Rolle in der Gruppe verstehen und sich darüber freuen.«

WAS? – WAS sollen wir tun?

Die dritte Frage klärt Auftrag und Zielrichtung des Teams: Was sollen wir tun? Ist diese Frage nicht geklärt, bleibt das Engagement zaghaft. Vielleicht konkurrieren verschiedene Zielvorstellungen miteinander, die die Arbeit blockieren. Ist die Teamausrichtung ungeklärt, kann ich nur eine begrenzte Solidarität bzw. begrenzten Zusammenhalt erwarten. Wenn keine gemeinsame Zielrichtung verfolgt wird, werden die Ergebnisse unbefriedigend ausfallen. Es ist auch nicht messbar, was gemeinsam erreicht wurde.

Sind Auftrag und Zielrichtung dagegen klar, können die Ärmel hochgekrempelt werden. Die Arbeit kann beginnen. Alle werden sich kreativ einbringen. Es gibt Freiräume für Innovationen. Am Ende stehen gute Ergebnisse und auch das gute Gefühl, gemeinsam etwas geschafft zu haben. Die Teammitglieder können sagen: »Als Team wissen wir genau, was wir zu tun haben. Jeder in unserem Team arbeitet vollkommen in Übereinstimmung mit unseren Zielen. Wir überprüfen unseren Fortschritt. Wir brauchen die Synergie, um unsere Ziele zu erreichen, und wir schaffen das auch.«

> Sind Auftrag und Zielrichtung klar, können die Ärmel hochgekrempelt werden.

WIE? – WIE sollen wir es tun?

ICH? DU? WAS? … und jetzt das WIE!?

Hierbei geht es um die Arbeitsweise: Wie wollen wir gemeinsam unsere Arbeit tun? Wie wollen wir gemeinsam unsere Ziele erreichen? Ist die Arbeitsweise nicht geklärt, entstehen oft ungesunde Abhängigkeiten und Allianzen. Es kommt zu Konflikten, Ziele werden nicht erreicht, die Arbeit wird ineffektiv getan.

Ist die Arbeitsweise gut geklärt, weiß jeder, was für ihn zu tun ist. Es gibt für jeden klare Handlungsräume, in denen er kreativ und unabhängig arbeiten kann. Die Ergebnisse sind sehr zufriedenstellend. Jedes Teammitglied kann sagen: »Wir haben eine gut ausgearbeitete Strategie und einen guten Aktionsplan, um unsere Ziele zu erreichen. Wir wissen um unsere Zusammensetzung, jeder weiß, was er zu tun hat. Wir sind uns einig in unserer Arbeitsweise (wir wissen, wie Entscheidungen getroffen, Prioritäten gesetzt, Konflikte gelöst werden ...).«

Mit den vier Grundfragen ICH? DU? WAS? und WIE? haben Sie die Möglichkeit, Ihre Teamarbeit auf eine gute Basis zu stellen.

Wenn Sie ein Team ganz neu starten, besprechen Sie die wesentlichen Dinge am besten schon in den einzelnen persönlichen Gesprächen. In jedem Fall sind die wichtigsten Aspekte bei der ersten Sitzung zu besprechen.

Vielleicht sind Sie aber auch schon mit einem Team unterwegs und wünschen sich wesentliche Verbesserungen der gemeinsamen Arbeit. So ist es möglich, nach und nach als Teil der Sitzung Zeit einzuplanen, um jeweils an einer der vier Grundfragen zu arbeiten. In jedem Fall empfehlen wir Ihnen, regelmäßig einen Termin anzuberaumen, um mit mehr Zeit die gemeinsame Arbeit zu reflektieren. Sie finden im Folgenden dazu zwei mögliche Modelle. Sie sind als Fördergespräche gedacht und können am besten mit einem Moderator von außen durchgeführt werden.

Für leitende Teams (z.B. Gemeindeleitung, Presbyterium) hat es sich als hilfreich erwiesen, einen gemeinsamen Kodex zu erarbeiten.

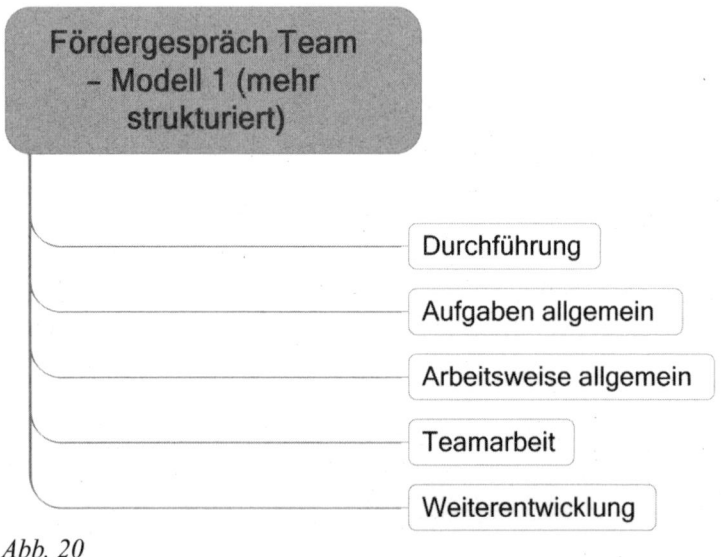

Abb. 20

Durchführung

Selbstständig oder mit einem Moderator aus einem anderen Arbeitsbereich oder aus einer anderen Gemeinde (z.B. ein Pastor aus der Nachbarschaft). Das Gespräch sollte am besten einmal jährlich stattfinden.

Aufgaben allgemein

Welche Hauptaufgaben üben wir aus?

Welche Aufgaben müssen wir konzentrierter/neu aufgreifen?

Mit welchen Tätigkeiten sollten wir aufhören?

Welche Tätigkeiten sollten wir delegieren?

Welche Tätigkeiten müssen wir anders anpacken?

Arbeitsweise allgemein

Terminierung? (Wochentag, Tageszeit, Sitzungslänge)

Sitzungsrhythmus?

Erstellen der Tagesordnung?

Sitzungsleitung?

Protokollwesen?

Teamarbeit

Wer ist für was verantwortlich?

Entspricht die Aufgabenverteilung den Begabungen?

Gibt es bei einzelnen Teammitgliedern Entlastungsbedarf?

Gibt es bei einzelnen Teammitgliedern Freiräume?

Wie geschieht die Kommunikation? Gibt es einen Veränderungsbedarf?

Weiterentwicklung

Klausurtag? Klausurwochenende?

Gemeinsamer Besuch einer Tagung? Konferenz? Seminar?

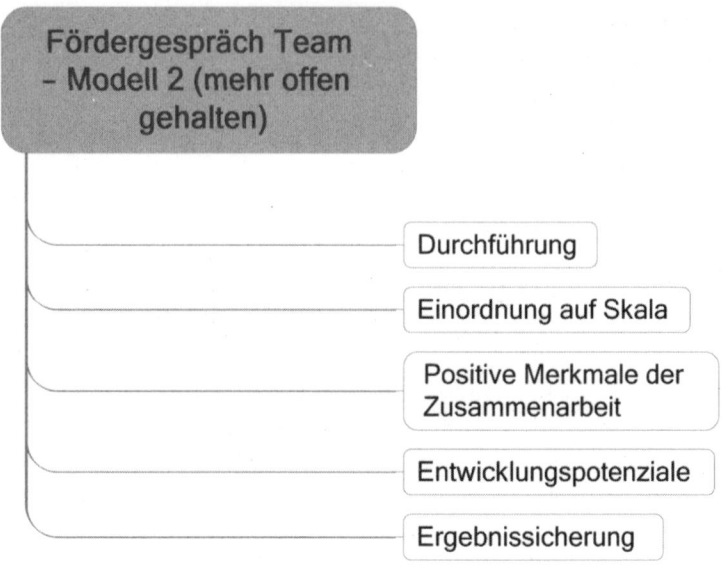

Abb. 21

Durchführung

Selbstständig oder mit einem Moderator aus einem anderen Arbeitsbereich oder aus einer anderen Gemeinde (z.B. ein Pastor aus der
Nachbarschaft). Das Gespräch sollte am besten einmal jährlich
stattfinden.

Einordnung auf Skala

Auf einer Skala von 0 bis 10 beschreibt die 0 eine überaus schlechte
Zusammenarbeit, die 10 eine hervorragende Zusammenarbeit. Die
Teilnehmer beantworten reihum die Frage: Wie schätzen wir auf einer Skala von 0 bis 10 unsere derzeitige Zusammenarbeit ein? Die
einzelnen Voten werden auf einer Skala (Flipchart) markiert.

Positive Merkmale der Zusammenarbeit

Die Teilnehmer beantworten reihum (in umgekehrter Reihenfolge)
die Frage: Wie kommen Sie zu Ihrer Einschätzung? Welche positiven Merkmale der Zusammenarbeit führen zu Ihrer Positionierung?

Was führt dazu, dass Sie sich momentan auf der von Ihnen gewählten Ziffer befinden? Wie sind Sie von der 0 auf X gekommen? Die Anmerkungen werden auf einer Flipchart gesammelt.

Entwicklungspotenziale
Was können Sie gemeinsam tun, um 1 oder 2 Punkte auf der Skala voranzukommen? Bei einem »Brainstorming« werden dazu Ideen gesammelt. Alle verständigen sich z.b. auf drei gemeinsame Maßnahmen.

Ergebnissicherung
Was wird jeder Teilnehmer persönlich für die Verbesserung der Zusammenarbeit beitragen?

Der Kodex
Es kann hilfreich sein, sich als Team einen Kodex zu geben. Damit sind Ordnungen und Verhaltensregeln gemeint, auf die man sich gemeinsam verständigt. Insbesondere bei leitenden Teams, in denen auch sensible Situationen zu besprechen und zu entscheiden sind, kann ein Kodex für alle eine hilfreiche Richtschnur bieten. Manchmal bietet sich ein Kodex auch an, wenn allgemeine Regelverletzungen erfolgt sind. Ein Kodex kann dann für Ordnung und Disziplin sorgen. Beides ist also möglich: ein Kodex als Starthilfe für jedes neu zu gründende Team mit Leitungsverantwortung sowie als ordnende Maßnahme in verfahrener Situation.

Damit solch ein Kodex nicht, einmal besprochen, in die Ablage wandert, können die Kernbegriffe in die Kopfzeile der jeweiligen Tagesordnungen eingebracht werden. So sind sie dauerhaft präsent. Im Folgenden einige mögliche Elemente:

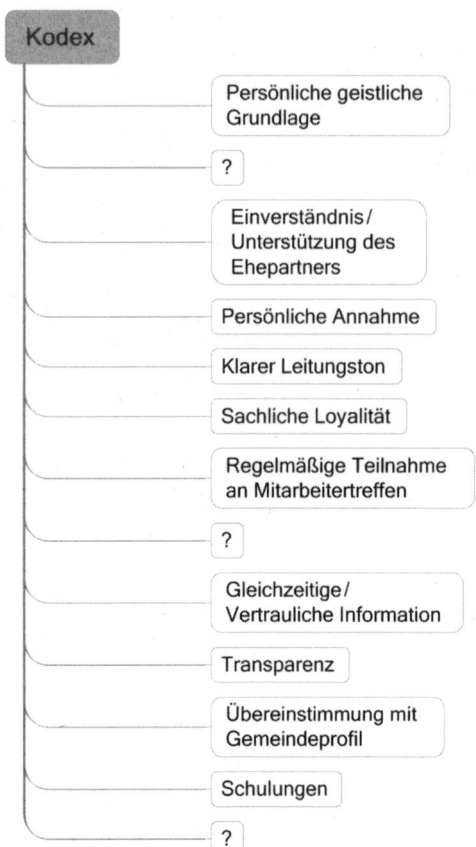

Abb. 22

Persönliche geistliche Grundlage

Hier verständigt man sich z.B. auf ein christliches Bekenntnis und auf eine angemessene Lebensführung.

Einverständnis/Unterstützung des Ehepartners

Auf Dauer ist es für leitende Mitarbeiter schwierig, eine Aufgabe ohne das Einverständnis des Ehepartners zu übernehmen. Die Teammitglieder tragen dafür Verantwortung, dass ihre Tätigkeit mit dem Ehepartner abgesprochen ist. Sie sorgen damit auch für eine gesunde Balance verschiedener Lebensbereiche, bei der auch die eigene Ehe nicht gefährdet wird.

Persönliche Annahme

In jedem Team kommt es zu Missverständnissen, Auseinandersetzungen und auch persönlichen Verletzungen. Jedes Teammitglied verpflichtet sich, bis zur nächsten Sitzung aktiv alle persönlichen Störungen auszuräumen.

Klarer Leitungston

Nach außen hin werden Entscheidungen etc. eindeutig und klar kommuniziert.

Sachliche Loyalität

Jedes Team braucht die sachliche Auseinandersetzung und den gesunden kreativen Streit. Wenn Entscheidungen getroffen worden sind, so stellt sich jedes Teammitglied sachlich loyal zu dieser Entscheidung, auch wenn es in der Diskussion selbst anderer Auffassung war. Natürlich gilt diese Regel nicht, falls man sich gemeinsam für eine differenzierte Außendarstellung entschieden hat.

Regelmäßige Teilnahme an Mitarbeitertreffen

Ein Team bespricht die gemeinsame Arbeitsweise. Die Teammitglieder kommen den Absprachen nach. Dazu gehört die Teilnahme an den vereinbarten Mitarbeitertreffen.

Gleichzeitige/Vertrauliche Information

Alle Teammitglieder werden grundsätzlich gleichzeitig und in gleicher Weise informiert. Dabei werden vertrauliche Informationen vertraulich gehalten. Sie werden nicht an andere Personen weitergegeben (z.B. keine »Mitregentschaft« des Ehepartners). Es wird gegebenenfalls auch der Einsatz neuer Kommunikationsformen besprochen und festgelegt. Hier geht es um Fragen wie: »Was regeln wir per E-Mail? Was gehört nicht in die E-Mail?«

Transparenz

In der Meinungsbildung werden alle Voten transparent gehalten. Aussagen wie »Ganz viele sind der Meinung«, »Mir ist gesagt worden, dass« werden nicht akzeptiert. Die Teammitglieder sind sensibilisiert und fragen nach: »Wer sind die *Vielen*?«, »Wer hat gesagt?« Die Teammitglieder verpflichten sich, »Ross und Reiter« zu nennen, oder aber sie verzichten darauf, die Voten einzubringen.

Übereinstimmung mit dem Gemeindeprofil
Jede Gemeinde oder Kirche hat grundlegende Glaubenssätze oder eine grundlegende Form von Frömmigkeit. Sollte ein Teammitglied sich von diesen grundlegenden Profilfragen innerlich entfernen, versucht es nicht, die gesamte Gemeinschaft zu reformieren, sondern sucht sich eine neue passende gemeindliche Heimat.

Schulungen
Teams können sich darauf verständigen, sich gemeinsam weiterzuentwickeln. Dazu werden regelmäßige Maßnahmen beschlossen, an denen alle teilnehmen.

3. Die gesunde Perspektive

Ein Leitbild entwickeln

Wenn Sie in einer amerikanischen Großstadt das Telefonbuch aufschlagen, weil Sie einen sonntäglichen Gottesdienst besuchen möchten, wird es unübersichtlich. Auf einer Urlaubsreise studierten wir die seitenlangen alphabetisch geordneten Einträge und haben es schlussendlich aufgegeben. Es war nicht auszumachen: evangelisch, katholisch, freikirchlich, charismatisch, traditionell, modern oder aber sektiererisch …?

In unserer deutschen Situation sind die Verhältnisse klarer, aber trotzdem sagt die Kirchenbezeichnung nicht immer etwas über das Gemeindeleben aus. Zu unterschiedlich sind die Ausprägungen innerhalb der Gemeinden und Kirchenformen. Seit einigen Jahren versuchen einzelne Gemeinden deutlich zu machen, wofür sie stehen. Manche Gemeinden formulieren eine Vision, andere beschreiben Werte oder Aufträge. Wieder andere verfassen ein Leitbild, in dem mehrere Elemente zusammengefügt werden. Wir verwenden im Folgenden den Begriff *Leitbild*.

Wozu dient ein Leitbild? Ein Leitbild kann hilfreich sein, um sich als Gemeinde innerhalb einer Stadt zu positionieren. Gerade zugezogene Neubesucher können sich als Christen informieren, ob die beschriebene Gemeinde für sie passt.

Ein Leitbild kann für die eigene Gemeinde hilfreich sein. Es wird für die eigenen Leute geklärt, wofür die Gemeinde steht. Manchmal werden auch theologische Erklärungen und Profile sowie ethische Leitlinien erarbeitet. In einer aktuellen Fragestellung muss somit nicht jedes Mal neu diskutiert werden, sondern allen ist der Rahmen klar. Die eigenen Leute werden sprachfähiger: Sie können Auskunft geben, wer sie sind und wofür sie stehen.

Ein Leitbild zielt auf die langfristige Perspektive. Es ist sorgfältig zu erarbeiten, weil es die Grundrichtung der Gemeinde beschreibt.

Ein dritter Aspekt ist die Darstellung für Nichtchristen. Auch sie fragen: Wer seid ihr eigentlich? Was macht ihr?

In jedem Fall ist es sinnvoll, sich auf die Zielrichtung des Leitbildes zu verständigen. Das nach innen gerichtete Leitbild unterscheidet sich vom zwischenkirchlichen, und natürlich ist ein für Nichtchristen gedachtes Leitbild wieder anders zu formulieren. Ein Leitbild zielt auf die langfristige Perspektive. Es ist sorgfältig zu erarbeiten, weil es die Grundrichtung der Gemeinde beschreibt.

Insbesondere die Entwürfe der Saddle Back Church, der Willow-Creek-Gemeinde oder der »Natürlichen Gemeindeentwicklung« haben in den letzten Jahren Kirchen und Gemeinden inspiriert.

Saddle Back Church

Pastor Rick Warren hat in seinem Buch »Kirche mit Vision« folgende fünf Elemente der Saddle Back Church beschrieben:

Anbetung
Wir feiern Gottes Gegenwart im Lobpreis.

Mission
Wir kommunizieren Gottes Wort durch Evangelisation.

Mitgliedschaft
Wir verkörpern Gottes Familie durch unsere Gemeinschaft.
Reife
Wir führen Gottes Volk durch Jüngerschaft zur Reife.
Mitarbeit
Wir zeigen Gottes Liebe durch Dienst.

Willow Creek

Pastor Bill Hybels hat in seiner Willow-Creek-Gemeinde in der Anfangsphase die folgenden 10 Werte entwickelt (willowcreek.de):

1. *Wir sind überzeugt, dass vollmächtige Lehre Veränderung im Leben eines Menschen und in der Gemeinde bewirkt.* Das schließt Lehre mit dem Zweck der Lebensumgestaltung ein (Römer 12,7; 2. Timotheus 3,16-17; Jakobus 1,23-25).

2. *Wir sind überzeugt, dass Menschen, die Gott noch nicht kennen, Gott wichtig sind und daher auch der Gemeinde wichtig sein sollten.* Das schließt Freundschaftsevangelisation und Evangelisation als Prozess mit ein (Lukas 5,30-32; Lukas 15; Matthäus 18,14).

3. *Wir sind überzeugt, dass die Gemeinde kulturell und gesellschaftlich relevant sein sollte, ohne dabei ihre Identität und Lehre zu verleugnen.* Das schließt sensible Annäherung des Evangeliums an unsere Kultur durch unsere Gebäude, unsere Materialien und den Einsatz gestaltender Künste mit ein (1. Korinther 9,19-23).

4. *Wir sind überzeugt, dass Menschen, die Christus aus ganzem Herzen nachfolgen, authentisch leben und stetes geistliches Wachstum anstreben sollten.* Das schließt persönliche Authentizität, Charakter und Ganzheit ein (Epheser 4,25-26.32; Hebräer 12,1; Philipper 1,6).

5. *Wir sind überzeugt, dass die Gemeinde eine Gemeinschaft von Dienern ist, die ihre geistlichen Gaben vereint zum Dienst an der Welt einsetzen.* Das schließt Einheit, echtes Dienen, geistli-

che Gaben und Berufung zum Dienst mit ein (1. Korinther 12 und 14; Römer 12; Epheser 4; Psalm 133,1).

6. *Wir sind überzeugt, dass liebevolle Beziehungen jeden Aspekt des Gemeindelebens prägen sollten.* Das schließt von Liebe motivierten Dienst, Teamarbeit und Beziehungspflege mit ein (1. Korinther 13; Nehemia 3; Lukas 10,1; Johannes 13,34-25).

7. *Wir sind überzeugt, dass sich die Veränderung des Lebens durch den Glauben am besten in Kleingruppen vollzieht.* Das schließt Jüngerschaft, Verletzlichkeit und Verbindlichkeit mit ein (Lukas 6,12-13; Apostelgeschichte 2,44-47).

8. *Wir sind überzeugt, dass hervorragende Qualität Gott ehrt und Menschen inspiriert.* Das schließt Auswertung, kritischen Rückblick, Intensität und Qualität mit ein (Kolosser 3,17; Maleachi 1,6-14; Sprüche 27,17).

9. *Wir sind überzeugt, dass die Gemeinde von denen geleitet werden sollte, die die geistliche Gabe der Leitung haben.* Das schließt Bevollmächtigung, dienende Leitung, Strategie und Zielorientiertheit mit ein (Nehemia 1-2; Römer 12,8; Apostelgeschichte 6,2-5).

10. *Wir sind überzeugt, dass volle Hingabe an Christus und seine Sache normal für jeden Christen ist.* Das schließt Haushalterschaft, echtes Dienen, Zurückschrauben der eigenen Bedürfnisse und das Verfolgen der Ziele des Reiches Gottes mit ein (1. Könige 11,4; Philipper 2,1-11; 2. Korinther 8,7).

Später wurden diese 10 Werte in 5 Kernaussagen (»5 G«) zusammengefasst. Dahinter steckt die Erfahrung, dass es schwer möglich ist, dauerhaft 10 Schlüsselwerte zu kommunizieren. Es sind einfach zu viele. So wurde später von Willow Creek formuliert:

»Die 5 G sind ein Versuch, das Bild einer gesunden Gemeinde zu zeichnen. Wenn Gemeindeglieder diese Eigenschaften aufweisen, bewegen wir uns auf eine Gemeinde nach biblischen Maßstäben zu.«

Die »5 G«

1. Gnade

Die persönliche Annahme der rettenden Tat Christi, die in der Glaubenstaufe bezeugt wird (Epheser 2, 8-9).

2. Geistliches Wachstum

Die immer wiederkehrende Erfahrung eines neuen Lebens in Christus und das Bemühen, Christus immer ähnlicher zu werden (2. Petrus 3, 18).

3. Gruppe

Am Leib Christi teilhaben und mit anderen in tiefen Beziehungen verbunden sein, die uns etwas bedeuten (Apostelgeschichte 2,46).

4. Gaben

Dem Leib Christi engagiert dienen gemäß den verliehenen Gaben (Römer 12,6-8).

5. Gute Haushalterschaft

Gott ehren mit unserer Zeit und den materiellen Möglichkeiten, die uns gegeben sind. Vorbild dafür ist das Geben des Zehnten in der Bibel. Dieses Ziel soll nach Möglichkeit erreicht oder sogar noch überschritten werden – je nachdem, wie Gott es schenkt (Philipper 4,11-19).

Natürlich gibt es bei Saddle Back und Willow Creek weitere Überzeugungen, Glaubenssätze, Leitlinien und mehr. Es wird genau differenziert zwischen Visionen, Werten, Zielen etc. In unserer Bearbeitung versuchen wir lediglich, einige der Grundanliegen darzustellen.

Natürliche Gemeindeentwicklung

Ein drittes Modell stellt die sogenannte »Natürliche Gemeindeentwicklung« dar. Die in der Gemeinde bereits vorhandenen Gaben,

Dienste und Kräfte sollen nach 1. Korinther 12 erkannt und koordiniert eingesetzt werden. In langjährigen Studien von Christian A. Schwarz unter vielen Tausend Gemeinden wurde festgestellt, dass bestimmte qualitative Merkmale in wachsenden Gemeinden stärker entwickelt sind als in nichtwachsenden. Diese Erkenntnis greift die »Natürliche Gemeindeentwicklung« auf.

Anfang der 90er-Jahre entwickelte Christian A. Schwarz den »Gemeindetest«, der wissenschaftlich noch nicht sehr abgesichert war, aber Gemeinden eine erste Reflexion ihres Zustandes ermöglichte. 1994/95 wurde der Ansatz komplett neu entwickelt, indem der Organisationspsychologe Christoph Schalk mit Christian A. Schwarz eine weltweite Studie in Gang setzte, die 1000 Gemeinden auf fünf Kontinenten untersuchte. Die Studie wurde von der Universität Würzburg betreut und wertete 4,2 Millionen Antworten aus. Daraus ergab sich ein Bild von acht Qualitätsmerkmalen, die gesund wachsende Gemeinden in allen Kulturen, Ländern und Frömmigkeitsstilen gemeinsam haben. In den letzten acht Jahren hat sich dieses Profil in 54 Ländern der Erde verbreitet.

Die identifizierten acht qualitativen Wachstumsmerkmale stellen auch eine Art Leitbild dar.

1. Bevollmächtigende Leitung
2. Gabenorientierte Mitarbeiterschaft
3. Leidenschaftliche Spiritualität
4. Zweckmäßige Strukturen
5. Inspirierender Gottesdienst
6. Ganzheitliche Kleingruppen
7. Bedürfnisorientierte Evangelisation
8. Liebevolle Beziehungen

Dabei wird das Leitbild im Rahmen der »Natürlichen Gemeindeentwicklung« nicht nur vorgegeben und erklärt, sondern es gibt die Möglichkeit, die Gesamtgemeinde in einen Prozess einzubinden. Hierbei werden sogenannte Profile erstellt, die die momentane Situation der Gemeinde abbilden. Ein sogenannter »Minimum-Faktor« wird ermittelt. Mit praktischen Arbeitshilfen kann an diesem »Faktor«, z.B. »Ganzheitliche Kleingruppen«, gearbeitet werden. Bei einem zweiten bzw. nächsten Profil wird voraussichtlich ein neuer minimaler Faktor ermittelt, der wiederum mit der Gemeinde bearbeitet wird.

Manche Gemeinden übernehmen ein vorgegebenes Leitbild, z.B. von den beschriebenen Entwürfen. Andere versuchen, ein individuelles Leitbild zu erstellen. Wie kann es gelingen, solch ein spezifisches Leitbild zu entwickeln? Welche Erfahrungen werden dabei gemacht? Manche Gemeinden versuchen, möglichst sofort alle in solch einen Prozess einzubeziehen. Sie fahren z. B. mit ihren Mitarbeitern und weiteren Interessierten auf eine Wochenendfreizeit. Möglichst viele sollen sich mit ihren Ideen und Vorstellungen einbringen. Hierbei werden die verschiedensten Anliegen zusammengetragen. Es entsteht ein bunter Strauß von Aussagen. Schnell sind 20 oder 30 verschiedene Statements aufgelistet, wie z.B.:

»Wir wollen Gott loben.«

»Wir wollen lebensnahe Gottesdienste feiern.«

»Kinder sind uns wichtig.«

»Wir wollen für unser Dorf / unsere Stadt da sein.«

Durch einen geschickten Moderationsprozess kann solch eine Vielzahl von Aussagen in acht oder zehn Kernaussagen gebündelt werden. Manche Gemeinden gehen einen Schritt weiter und formulieren zu ihren vielleicht acht gefundenen Kernaussagen vier oder fünf Unterziele. Die mögliche Problematik bei dieser offenen Verfahrensweise:

Die gefundenen Aussagen stellen mehr eine allgemeine Gemeindephilosophie dar. Sie ist nicht wirklich spezifisch. Am Ende stehen vielleicht 40 neue Ziele im Raum, zusätzlich zu all dem, was die Gemeinde bisher schon geleistet hat. Wie soll das praktisch gehen? Mit welchen Personen und Kräften sollen diese neuen Ziele erreicht werden?

Manchen Gemeinden ist es so passiert. Nach einer positiven Anfangsstimmung – es haben ja alle mitgemacht, und jeder konnte etwas dazu beitragen – verschwinden diese Philosophien schnell in der Schublade. Mit einer Überfülle von Zielen kann man nicht wirklich arbeiten. Im Folgenden stellen wir Ihnen einige Überlegungen und praktische Schritte vor, die Ihnen bei der Entwicklung eines Leitbildes helfen können.

> Mit einer Überfülle von Zielen kann man nicht wirklich arbeiten.

Zielrichtungen – wofür?

Überlegen Sie, wofür das Leitbild erarbeitet werden soll. Dabei können verschiedene Zielrichtungen einfließen.

Die positiv zwischenkirchliche Profilierung: Wer sind wir im Vergleich mit anderen Gemeinden und Kirchen am Ort?

Die Profilierung nach innen: Wer sind wir eigentlich? Wir beschreiben unsere Identität.

Die Profilierung nach außen: Für wen sind wir in besonderer Weise da? Wen möchten wir erreichen? Welches Angebot machen wir für Neue?

Begriffe – welche Wortwahl?

Klären Sie am Anfang die Begriffe. Es irritiert, wenn einmal von »Leitbild« die Rede ist, dann von »Vision«, ein anderes Mal von »Werten«. Entscheiden Sie sich für einen Begriff und erklären Sie ihn.

Erarbeitung – wer?

Wer erarbeitet ein Leitbild? Sicher kann man ein offenes Verfahren wählen: »Alle, die interessiert sind, sind eingeladen …« In der Regel ist dieser Weg nicht der beste, denn oft finden sich schon am Anfang unter den Interessierten Skeptiker oder Gegner, die den Prozess blockieren können. Wir empfehlen, das Leitbild mit der Gemeindeleitung oder einer speziell eingesetzten Perspektivgruppe zu erarbeiten. Es kann hilfreich sein, einen erfahrenen Moderator einzubeziehen.

Grundlage – der Istzustand

Sicher kann man losgelöst von allem, was bisher war, in die Zukunft denken. Das Leitbild soll am Ende wirkliche Perspektive bieten. Es soll motivieren und den Blick nach vorne richten. Trotzdem ist zu überlegen: Wo stehen wir eigentlich? Wie sind wir geprägt? Was sind eigentlich unsere Grundlagen? Was ist unser bisheriges Leitbild, auch wenn wir es nie aufgeschrieben haben? Konkret lassen sich dazu folgende Fragen stellen:

Welche schriftlichen Grundlagen existieren (Satzung, Erklärungen etc.)?

Welches theologische Profil prägt uns (Glaube, Abendmahl, Taufe etc.)?

Was sind unsere laufenden Programme (Alpha-Kurse, Gästegottesdienste, Kleingruppen etc.)?

Gibt es andere Werte oder Grundentscheidungen?

Inwieweit sind wir mit einer Immobilie festgelegt?

Wofür wird Geld ausgegeben? Wie sieht das Budget für die einzelnen Arbeitsbereiche aus, und welche Schwerpunkte verbinden sich mit den Geldausgaben?

Modelle – Erfahrungen anderer Gemeinden

Was spricht dagegen, sich bei der Erarbeitung eines Leitbildes über Modelle und Erfahrungen anderer Gemeinden zu informieren? Wir haben bereits drei verschiedene kurz vorgestellt. Vielleicht kennen Sie weitere Leitbilder von befreundeten Gemeinden. In der Regel sind sie auf der jeweiligen Homepage zu finden.

Vorbildlich auf seine Weise ist das Leitbild des Fußballbundesliga-Vereins VfL Bochum. Hier ist es besonders gut gelungen, eine positive, motivierende, spezifische Perspektive zu formulieren. Sie finden die Texte und Informationen zum Leitbild-Prozess im Internet: www.vfl-bochum.de unter »Verein«. Hier ein kleiner Ausschnitt:

In Bochum, aus Bochum, für Bochum
Der VfL Bochum 1848 ist ein Bochumer Junge.

Tief im Westen bilden wir eine echte Gemeinschaft: Kurve, Mitglieder, Mitarbeiter, Spieler und Partner sind Fans. Wir Fans sind stolz, den VfL Bochum 1848 zu unterstützen, für ihn zu spielen und für ihn zu arbeiten. Durch leidenschaftlichen, ehrlichen und erlebnisreichen Fußball vermitteln wir Freude, Faszination und Begeisterung. Wir identifizieren uns mit den hier formulierten Zielen und Werten!

Unser Ehrgeiz und unbeugsamer Antrieb als Fans ist das Bestreben, sportlich und wirtschaftlich dauerhaft erstklassig zu sein.

Wir bekennen uns zu unserer regionalen Identität und unserer Tradition!

Wir sind unbeugsam!

Wir sind nah!

Wir sind professionell!

Wir sind mitreißend!

Wir bekennen uns zu unserer sozialen Verantwortung!

Ist die vorgenommene Profilierung nicht gut gelungen?! Die Beschreibung trifft spezifisch den Bochumer Revierclub. Sie wäre nicht austauschbar und unmöglich auf einen FC Bayern anzuwenden, oder?

Umsetzung/Vermittlung – wie?

Gehen wir davon aus, dass Sie ein spezifisches, für Ihre Gemeinde passendes Leitbild entworfen haben. Wie können Sie mit diesem Leitbild arbeiten?

Nehmen wir einmal an, Sie haben sechs Leitbildaussagen getroffen. Dann könnten Sie diese als Liste oder Katalog abfassen (also untereinanderschreiben) und gleichzeitig/linear bearbeiten. Wie schon zuvor angedeutet, kann diese Vorgehensweise überfordern.

Die andere Möglichkeit entspannt. Alle sechs Leitbildaussagen werden zirkulär dargestellt und bearbeitet. Es werden alle Aussagen vorgestellt, aber zunächst eine von ihnen bearbeitet. Nach einiger Zeit kann eine zweite Aussage angegangen werden, so wie es kräftemäßig passt.

Ist das Leitbild erarbeitet, muss sich zunächst die Gemeindeleitung geschlossen zu dem Leitbild stellen. Danach werden die leitenden Mitarbeiter einbezogen und schlussendlich alle Gemeindemitglieder informiert und in die weitere Mitarbeit einbezogen.

Sind die formulierten Ziele realistisch, haben wir genug Ressourcen?

Nun kommt es darauf an, die erste der Leitbildaussagen auch wirklich im Gemeindeleben zu implementieren. Hilfreich kann es sein, diese Aussage als Jahresthema auszugeben und dazu konkrete Ziele zu formulieren. Dabei wird auf Folgendes genau geachtet:

Sind die formulierten Ziele realistisch, haben wir genug Ressourcen? Manchmal ist es geboten, für das neu zu Erreichende auch mit etwas anderem aufzuhören und nicht nur ein »Immer mehr« einzufordern.

Die eigenen Leitbildaussagen sollten alle fünf bis sechs Jahre bearbeitet werden: Stimmt das Leitbild noch? Fügen wir ein Element hinzu? Oder ändern wir eines?

Leitbilder sollen eine gesunde und auch überschaubare Perspektive bieten. Leitbilder sollen gelebt werden. Sie sollen inspirieren und motivieren.

Ein Leitbild muss nicht perfekt sein; es muss nicht grafisch oder rhetorisch glanzvoll sein. Ein Leitbild hilft uns, unsere gute Gemeindearbeit in den nächsten Jahren noch ein bisschen besser bzw. gesünder zu machen.

4. Veränderungen gestalten

Am 4. November 2008 wird Barack Obama als erster Afroamerikaner in das amerikanische Präsidentenamt gewählt. Ca. 140 Jahre nach Abschaffung der Sklaverei gelingt dieser beeindruckende Wahlsieg. »Der Wandel ist nach Amerika gekommen«, sagt Obama in seiner Siegesrede vor Hunderttausenden jubelnder Menschen in seiner Heimatstadt Chicago. »Dies ist unsere Zeit (…), um den amerikanischen

Traum wieder zu beleben. Ich hatte nie mehr Hoffnung als heute Nacht, dass wir es schaffen werden.« »Change«, »Veränderung«, ist das Zauberwort in diesem grandiosen Wahlkampf.

Veränderungen sind faszinierend, sie ziehen uns an, motivieren und begeistern uns. Auch in unseren Gemeinden vergeht kein Jahr ohne das Bemühen, manches positiv zu verändern. Manchmal bewegt uns ein offensichtlicher Notstand dazu, Veränderungen anzupacken. Manchmal geht es sogar um die Existenz: Wenn nichts passiert, geht es gar nicht mehr weiter. Manchmal geht es darum, eine Routine aufzubrechen, um Neues auszuprobieren.

Wir fragen nach neuen Ideen. Wir suchen uns neue Aufgaben. Wir eignen uns neue Methoden an, um ein Ziel besser zu erreichen. Wir schaffen uns neue Geräte oder Einrichtungen an. Doch dauerhafte Veränderungen werden nicht von einer Anfangsbegeisterung getragen. Sie bedeuten Arbeit und müssen gestaltet werden. Kurzfristig erzwungene Veränderungen führen nicht selten zu Streit und Zerbruch. Veränderungen können auf erbitterten Widerstand treffen.

Es gibt eben nicht nur jene, die, mit einem Pionier-Gen ausgestattet, immer zu neuen Ufern aufbrechen. Es gibt auch jene, die angesichts einer Welt, die sich stündlich zu ändern scheint, eine Festung bauen wollen: »Wenn sich um mich herum alles ändert, dann soll wenigstens meine Gemeinde ein sicherer Ort sein.« Die meisten von uns tragen eine Spannung in sich, die ein unbekannter Wüstenmönch auf den Punkt gebracht hat: »Der Kopf will das Neue, das Herz will immer dasselbe.«

> »Der Kopf will das Neue, das Herz will immer dasselbe.«

Vermutlich haben wir alle schon erlebt, dass geplante Veränderungen gescheitert sind und sich eine Gesamtsituation sogar noch verschlechtert hat. Die Gründe dafür sind manchmal im Nachhinein erkennbar. Welche Hindernisse verhindern Veränderungen?

Bequemlichkeit und Selbstzufriedenheit

Die Mehrheit ist bequem und selbstzufrieden. Viele möchten sich nicht engagieren. Sie haben alles, was sie brauchen, und richten sich ein in ihrer Anspruchslosigkeit.

Einzelkämpfer

Es sind nur Einzelne, die sich für die Veränderung einsetzen. Es gelingt nicht, notwendige Teams zusammenzustellen. Die wenigen Einzelkämpfer geben irgendwann frustriert und resigniert auf. Sie werden nun auch zukünftig schwerer für neue Projekte etc. zu gewinnen sein.

Fehlende Vision

Es gelingt nicht, darzustellen, wohin die Veränderung am Ende führt. Die Zielvorstellung ist nicht attraktiv genug. Das positive zukünftige Bild wird nicht gemalt.

Unzureichende Kommunikation

Es wird nicht hinreichend kommuniziert. Die Informationen sind lückenhaft oder werden schlecht präsentiert. Es gibt vielleicht eine starke Anfangsoffensive, aber dann kommt nichts mehr nach. Einwände werden nicht aufgegriffen und bearbeitet. Die Information erreicht nicht alle usw.

Unbearbeitete Probleme

In jedem Veränderungsprozess tauchen Probleme auf. Manche Prozesse scheitern, weil Probleme nicht erkannt, nicht ernst genommen und dann nicht bearbeitet werden.

Mangelhafte Prozessbegleitung

Wenn wir von einem Veränderungsprozess sprechen, so stellt sich dieser Prozess tatsächlich mit verschiedenen Phasen dar. Jede Phase braucht konzentrierte Aufmerksamkeit. So können am Anfang kurzfristige Ziele fehlen. Oder es wird in der Mitte des Prozesses zu frühzeitig »der Sieg« erklärt. Oder man versäumt trotz eines Anfangserfolges, die Veränderung zu stabilisieren und in die Kultur der Gemeinde zu verankern. Manche Gemeinde erarbeitet mit ihrem Pastor einen neuen Schwerpunkt z.B. im Bereich Musik, Kleingruppen oder auch Seelsorge. Die Gemeinde lässt sich ganz auf den neuen Bereich ein und macht engagiert mit. Der Pastor verlässt die Gemeinde, und kurze Zeit später liegen die neuen Initiativen brach. Sie wurden nicht dauerhaft in die Kultur der Gemeinde integriert.

Wie können wir Veränderungen erfolgreich gestalten? Wie können wir Hindernisse vermeiden? Wie können Veränderungen gelingen? Wer sich diese Fragen ernsthaft stellt, muss vorab überlegen und eine Grundentscheidung treffen: Wie wichtig ist die gewünschte Veränderung? Welche Bedeutung hat sie? Welchen Stellenwert nimmt sie ein? Wenn eine Veränderung wirklich wichtig ist, dann sollte man folgendermaßen vorgehen:

Ich nehme mir genügend Zeit.
Ich investiere genügend Kraft, um ans Ziel zu kommen.
Ich gehe nicht aufs Ganze.
Ich überstürze und eile nicht.
Ich bin bereit für einen längeren Weg.
Ich lebe vorübergehend mit Kompromissen.

Eine Gemeinde erweitert ihren Gemeindesaal. Im alten Saal hängen seit einigen Jahren Lampen in Fünfertrauben. Als die Erweiterung gebaut wird, erkundigt man sich, ob die alten Lampen noch zu haben sind. Sind sie! Deshalb werden aus Kostengründen auch im neuen Bereich Lampen in Fünfertrauben an die Decke gehängt. Sie können sich vielleicht vorstellen, wie das ansonsten moderne Gemeindezentrum mit dieser Beleuchtung wirkt: Sie versprüht nicht nur optisch den Charme vergangener Jahrzehnte. Sie ist für die Gottesdienste und andere Veranstaltungen denkbar ungeeignet. Das Licht beleuchtet den Saal diffus. Die vorn Agierenden sind schlecht ins Licht gerückt. Die Texte und Bilder, die mit dem Beamer an die Stirnwand projiziert werden, können von einem Teil der Besucher nicht gelesen werden, weil die Lampenkugeln die Sicht versperren. Die Energiekosten sind verhältnismäßig hoch.

Warum hängen die Lampen heute noch? Ich bin davon überzeugt: Es liegt an mir, Bernd Kanwischer. Ich bin verantwortlich. Ich erinnere mich an jene Sitzung der Gemeindeleitung. Ein paar junge Technikfreaks hatten den Vorschlag gemacht, einige Lampentrauben im vorderen Bereich abzuhängen, um einen ersten leistungsfähigen, modernen Lichtbalken anzubringen. 1000,– Euro sollte diese Maßnahme kosten. Ich wusste von der Bereitschaft eines Spenders, der nicht nur eine Teilmaßnahme, sondern für die große Lösung eintreten wollte. Machte es da nicht Sinn, sofort die komplette Installation vorzunehmen? Ich bringe diese »tolle« Idee in die Gemeindeleitung ein. Alle Personen stimmen zu. Wir lehnen die kleine Initiative der Technikfreaks ab und beschließen die viel bessere große Lösung. Der Beschluss ist ca. sechs Jahre alt, und Sie ahnen es: Die Lampen hängen immer noch. Ich bin davon überzeugt: Hätten wir vor sechs Jahren mit der kleinen Initiative begonnen, wäre die große Lösung inzwischen auch da. Ich hatte zu schnell zu viel gewollt.

Ich erinnere mich an eine Geschichte des amerikanischen Pastors Gene Apple: Das Klavier steht vorne links auf der Bühne. Der Pastor beschließt, es auf die rechte Seite zu versetzen. Es gibt einen Sturm der Entrüstung, der Pastor wird entlassen. Das Klavier wird zurückgestellt. Ein Jahr später besucht er seine alte Gemeinde. Das Klavier steht auf der rechten Seite. Er fragt seinen Nachfolger: »Wie hast du das geschafft? Das Klavier steht rechts! Dafür bin ich gefeuert worden!« Die Antwort des neuen Pastors: »Ganz einfach: jede Woche 20 cm!«

Kleine Veränderungen können in kurzer Zeit umgesetzt werden. Große Veränderungen brauchen längere Zeiträume. Sie sind nicht in einer einzigen Sitzung zu beschließen und damit auch schon gar nicht so gut wie umgesetzt. Sie brauchen echtes Engagement, eine dauerhafte Investition von Kraft und Aufmerksamkeit.

Sechs hilfreiche Wege

Gehen wir davon aus, dass wir uns dafür entscheiden, einen wichtigen Veränderungsprozess in unserer Gemeinde zu gestalten. Welche

Aspekte können uns in solch einem Veränderungsprozess helfen? Im Folgenden stellen wir einige Gesichtspunkte vor. Nicht jeder ist zu jeder Zeit zu berücksichtigen. Nicht jeder ist auf jede Veränderung anwendbar. Bei jeder Veränderung sind wir herausgefordert, einen eigenen Prozess zu gestalten.

Das Problem ansprechen

Es gibt Veränderungen, bei denen wir die Aufmerksamkeit sehr stark auf die dahinter stehende Problematik lenken müssen. Nehmen wir einmal an, der Gottesdienstbesuch in Gemeinde X ist rückläufig. Für eine Gemeindeleitung inklusive Pastor stellt das keine einfache Situation dar. Man ist geneigt, die Situation zu tabuisieren oder schönzureden – gerade weil man sich auch mitverantwortlich fühlt. Vielleicht versuchen wir, mit Verbesserungen die Situation zu wenden.

In dieser Situation kann es der richtige Weg sein, die Gemeinde offen über das bestehende Problem zu informieren. Wir stecken Energie in die Analyse und stellen – in diesem Beispiel – die Gottesdienstbesuch-Entwicklung der letzten Jahre dar. Wir beschreiben z.B. auch die zunehmende Überalterung. Ziel dabei ist es, dass sich die Gemeinde mit dem Problem identifiziert. Wir sagen: »Wir sehen in unserer Gemeinde ein Problem. Es kommen immer weniger Besucher in den Gottesdienst. Vor fünf Jahren waren wir noch 120. Letztes Jahr waren wir im Schnitt nur noch 80, an manchen Sonntagen waren wir nur 60 und am 5. November letzten Jahres waren wir sogar nur 55. Außerdem haben wir den Eindruck, dass gerade die Jüngeren immer weniger werden ... Was denken Sie dazu? Machen Sie ähnliche Beobachtungen wie wir? Wie schätzen Sie unseren Gottesdienstbesuch ein?«

Bei dieser Vorgehensweise versuchen wir das Problem deutlich anzusprechen. Wir bieten keine Begründungen an. Wir schlagen keine Lösungen vor. Ursachen und entsprechende Lösungsvorschläge werden aus der Gemeinde heraus entwickelt. Hat die Gemeinde sich das Problem zu eigen gemacht, ist sie sehr motiviert, entsprechende Veränderungen einzuleiten.

Die Lösung erarbeiten

Dieser Gesichtspunkt zeigt, dass Veränderungen unterschiedlich angegangen werden können. So können wir eine Gemeinde direkt mit in die Lösungsfindung hineinnehmen, ohne die dahinter stehenden Probleme intensiver aufzuarbeiten. Dieser Weg bietet sich besonders dann an, wenn es in dem betroffenen Bereich schon zu Konflikten gekommen ist. Nehmen wir nochmals das Beispiel des Gottesdienstes. Vielleicht haben Sie im Bereich Musik experimentiert, es gab deswegen Auseinandersetzungen und Verletzungen. Es wäre möglicherweise hinderlich, solch eine Problematik öffentlich auszubreiten und zu diskutieren.

In einer solchen Situation kann es helfen, die Aufmerksamkeit auf die Lösung zu lenken. In einem Forum, einer Mitgliederversammlung oder in einem entsprechenden Mitarbeiterkreis könnte die Diskussion mit dem sogenannten »Futur Perfekt« eingeleitet werden (siehe auch S. 150 ff: »Konflikte als Chance nutzen«): »Wir haben den Eindruck, es wäre dran, an unseren Gottesdiensten zu arbeiten. Stellen Sie sich bitte einmal vor, dass wir die Gottesdienstgestaltung gemeinsam anpacken. Wir arbeiten gut miteinander und bringen uns engagiert ein. Stellen wir uns vor, die Zusammenarbeit wäre harmonisch gewesen und wir hätten vieles erreicht. Was wäre anders als heute? Woran würden wir merken, dass die Gottesdienste sich verändert haben? Woran würden Besucher merken, dass wir an den Gottesdiensten gearbeitet haben?«

Ergänzen und nicht auflösen

In Veränderungsprozessen wählen wir in der Regel den Weg der Ergänzung und vermeiden es, radikal zu ersetzen. Das Neue wird zusätzlich eingeführt. Das Alte bleibt zunächst parallel bestehen, bis es von selbst ausläuft. Ein Beispiel: Ich komme als Pastor neu in eine Gemeinde. Es sind vielleicht 300 Personen im sonntäglichen Gottesdienst. Die Besucher kommen aus allen Generationen. Es sind auch viele junge Leute da. Die Kinder gehen in ihren eigenen Kindergottesdienst. In den ersten Gesprächen wird durchgehend Unzufriedenheit mit der Gestaltung des Gottesdienstes geäußert.

Hier sind zwölf überwiegend ältere Gottesdienstleiter im Einsatz, und auch die beiden jüngeren sind nicht wirklich innovativ.

Was tun? Ein Beispiel: Ein Pastor bekommt nach Gottesdiensten häufig die Rückmeldung, solch eine Gottesdienstleitung dürfe sich nicht wiederholen etc. Er entscheidet sich trotzdem dafür, keinen der Gottesdienstleiter abzusetzen. Aber er gewinnt zwei neue hinzu, die monatlich einen Gottesdienst mit Kindern und einen Gottesdienst mit Jugendlichen gestalten.

Etwas später entwickelt er mit der Gemeindeleitung einen neuen gästefreundlichen Gottesdienst, der einmal im Vierteljahr stattfindet. Auch für besondere Gottesdienste gewinnt er neue Mitarbeiter und natürlich auch Mitarbeiterinnen, die bisher nicht mitarbeiten durften. Nach ca. zwei Jahren kommen die bisherigen Gottesdienstleiter nur noch ein oder zwei Mal im Jahr zum Einsatz. Sie beklagen sich darüber nicht!

Eine ganze Reihe neuer Gottesdienstformen mit neuen Mitarbeitern konnte sich entwickeln. Aufs Ganze gesehen gelingt ein gesundes Gleichgewicht von Altem und Neuem. Keiner musste dabei sein Gesicht verlieren. Alle haben miteinander gewonnen.

Wert und Aktion

In Veränderungsprozessen sind Wert und Aktion zu unterscheiden. Ich kann wie oben beschrieben einen Gottesdienst verändern. Ich kann aktiv werden und handeln. Ich beziehe Kinder und Jugendliche ein, gewinne neue Mitarbeiter, ermögliche neue Formen der Musik. Aber wozu? Was ist der Hintergrund für all diese Aktivitäten?

Das Hintergrundmotiv, der Wert, ist im angeführten Beispiel die »Gemeinschaft aller Generationen«. Idealerweise arbeiten wir auf beiden Ebenen: auf der Aktionsebene genauso wie auf der Werteebene.

Es ist verhältnismäßig einfach, auf der Aktionsebene Veränderungen vorzunehmen. Schwieriger ist die Grundlagenarbeit. Was ist dabei zu beachten?

Um beim Beispiel »Gemeinschaft aller Generationen« zu bleiben: Dieses Thema sollte durch eine entsprechende Predigtreihe flankiert werden. Wichtig sind auch die Hauskreise: Einen Abend lang geht es um die »Gemeinschaft aller Generationen« – Bibelarbeit, Gespräch, Brainstorming (»10 frische Ideen«).

»Gemeinschaft aller Generationen« ist somit auch das erste Thema auf jeder (!) Mitgliederversammlung. Hier wird z.B. die Auswertung aus den Kleingruppen vorgestellt. Natürlich kommt das Thema auch im Gemeindebrief und auf der Internetseite vor. Dazu kommt das alltägliche Engagement der leitenden MitarbeiterInnen. So wird der Pastor z.B. bei einem Geburtstagsbesuch das Thema zur Sprache bringen. Nach Möglichkeit gibt es Seminarangebote mit Referenten von auswärts etc. Zusammenfassend gesagt: Wir versuchen, die Gemeinde auf möglichst allen Ebenen mitzunehmen.

Idealerweise kommt es langfristig eben nicht nur zu einem veränderten Gottesdienst, sondern zu einer veränderten Gemeindekultur. In vielen Bereichen wird die »Gemeinschaft der Generationen« gelebt und als Stärke empfunden.

Verluste und Emotionen aufgreifen

Jede Veränderung hat ihren Preis und kostet Kraft. Jede Veränderung führt zu Verlusten. Altes, Gewohntes, Liebgewordenes wird aufgegeben, auch wenn das nur Einzelne so empfinden. Oft eilt der Verstand voraus, aber das Herz hinkt nach. Mögliche Gefühle sind Trauer, Schmerz, Ärger. Wie gehen wir mit diesen Emotionen um?

Wir versuchen, die Gefühle ehrlich nachzuempfinden, sie auszusprechen und auf sie einzugehen. Verluste werden wertschätzend benannt, etwa: »Auch wenn wir jetzt mit etwas Neuem beginnen, so sind wir sehr dankbar für das, was Gott uns in der Vergangenheit geschenkt hat. Wir bitten darum, dass Gott uns auch mit dem Neuen Segen schenkt.«

Es ist lieblos und nicht hilfreich, das Bisherige schlechtzumachen und abzuwerten. Auch das frische Neue, das wir einführen, ist irgendwann verbraucht und wird durch wiederum Neues weiterzuführen sein.

Es ist lieblos und nicht hilfreich, das Bisherige schlechtzumachen und abzuwerten.

Gemeinde mitnehmen - Thema X

- Jahresthema
- Seminar, Vorträge mit Aussprache
- Sonntagvormittag
  - rund um Gottesdienst
- Alle Generationen mit dem Thema erreichen
  - alle tragen etwas dazu bei
- Gemeindeleitung
  - besucht Kleingruppen
  - biblischer Impuls
  - offene Fragestellung: frische Ideen?
- Pastor
  - Ansprechen bei Besuchen
  - Geburtstagsfeiern
- 40-Tage-Kampagne
  - Vernetzung von Gottesdienst, Kleingruppe, stille Zeit
- Predigtreihe
- Gemeindebrief
- Top 1 bei Mitgliederversammlung

Abb. 23

Probephasen vereinbaren

Wir erlauben es uns, Neues auszuprobieren. Wir experimentieren, machen Fehler, sind bereit, auch nach drei Schritten vorwärts wieder einen zurückzugehen. Dazu sind vereinbarte Probephasen hilfreich. Wir legen uns nicht fest, sondern rechnen mit notwendigen

Kurskorrekturen. Wir beginnen nicht mit dem Kampf um Satzungs-
änderungen, sondern machen uns auf den Weg, neue Lebens- und
Gestaltungsformen einzuüben. Verbindliche Ordnungen etc. stehen
am Ende einer Probezeit.

5. Klare Leitung

Um unsere Gemeinden weiterentwickeln zu können, brauchen wir
eine gute, kompetente, klare Leitung. Oft ist die Leitungssituation
diffus und unklar. Wenn wir in die Beratung einer Gemeinde einstei-
gen und sich bei diesem Thema hierzu Klärungsbedarf offenbart,
gehen wir zur Flipchart, schreiben quer »Leitung« darauf und beginnen zu fragen:

> Wie viele Personen gehören zur Gemeindeleitung?
> Wie wird die Tagesordnung zusammengestellt?
> Wer leitet die Gemeindeleitungssitzungen?
> Wer leitet die Mitgliederversammlung?
> Wie viele Arbeitskreise haben Sie? Wie viele Leiter?
> Wie treffen sich diese Leiter?
> Wie kommunizieren Sie mit den Arbeitsbereichen
> und ihren Leitern?
> Was ist mit dem Kassierer?
> Wie werden finanzielle Entscheidungen getroffen?
> Was macht ein Arbeitskreisleiter, wenn er für eine
> Anschaffung 200,- Euro braucht?

Solche Fragen dienen dazu, bewusst zu machen, wie die Gemeinde
geleitet wird.

In einer größeren Gemeinde gab es Unruhe und Leitungskonflikte.
In der Gemeindeleitung waren inzwischen nur noch zwei Personen
im Amt. Bei der Analyse stellte sich heraus: Einer der beiden war
Vater des hauptamtlichen Jugendpastors, die Mutter war Arbeits-

kreisleiterin und schrieb per Mail wöchentlich Informationen an die Mitglieder. Alle drei Mitarbeiter waren engagiert dabei und machten ihre Sache – nach unserer Einschätzung – gut. Trotzdem wurde diese ungesunde Familienstruktur von Teilen der Gemeinde nicht akzeptiert.

In einer anderen Situation gehörte zur Gemeindeleitung ein Mitarbeiter, der von seinen Begabungen und von seinem Persönlichkeitsprofil her nicht zu dieser Aufgabe passte. Wir haben uns gefragt: Warum ist dieser liebenswürdige Mitarbeiter in die Gemeindeleitung gewählt worden? Er war Mitglied der relativ großen Chorgruppe. Diese Gruppe muss den Mitarbeiter maßgeblich vorgeschlagen und gewählt haben. Das sind nur zwei kleine Beispiele, wie in der Praxis Leitung zustande kommt.

Die folgende Übersicht »Das System Gemeinde« zeigt, wie komplex eine Gemeinde sich darstellt. Wir finden es hilfreich, Leitung von Gemeinde transparent zu machen. Dann haben wir auch Einfluss darauf und können aktiv Leitung gestalten.

Gemeinde wird geprägt von schriftlichen Grundlagen. Es gibt gewachsene Satzungen, Erklärungen und Beschlüsse von Gremien, auf die man sich jederzeit beziehen kann. Jede Gemeinde hat ein theologisches Profil. In manchen Fragen gibt es Freiheit, andere Fragen wie Abendmahl oder Taufe sind normativ geregelt. Manchmal gibt es weitere Werte und Grundentscheidungen. Diese müssen gar nicht schriftlich festgelegt sein. Aber trotzdem bestimmen sie in Diskussionen die Ausrichtung der Gemeindearbeit.

Ein Wert zum Beispiel kann sein: Unsere Immobilie ist wichtiger als das angestellte Personal. Wir investieren eher in das Gemeindezentrum als in bezahlte Mitarbeiter. Eine andere Gemeinde trifft vielleicht eine gegensätzliche Grundentscheidung: Personal ist wichtiger als Immobilie. Wichtiger ist, dass die Arbeit gut läuft, als dass sich z.B. der Schuldenstand verringert.

Wie die Gemeinde »tickt«, zeigt sich insbesondere an den Geldausgaben. Der Jahreshaushalt zeigt, wo die Schwerpunkte der Gemeindearbeit liegen! Über die Finanzen wird Gemeinde geleitet. In diesem Zusammenhang stellt sich auch die Frage nach dem Kassie-

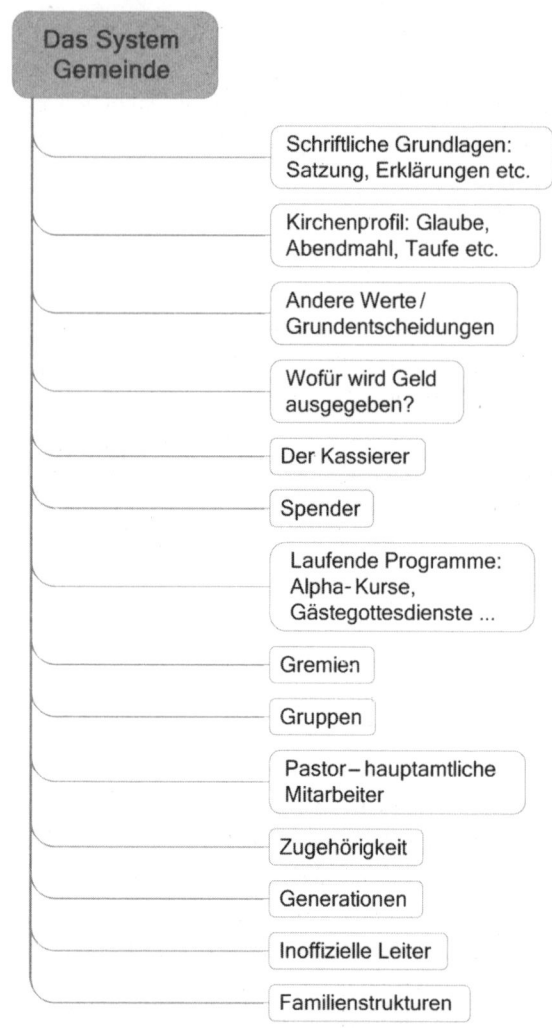

Abb. 24

rer und seiner Rolle. Ist er lediglich Dienstleister, der die Finanzen verwaltet, oder trifft er selber direkt oder indirekt Entscheidungen? Es gibt Kassierer, die zum Teil ohne Absprache mit der Gemeindeleitung die Bauschulden monatlich tilgen und bei notwendigen Anschaffungen erklären, es sei kein Geld auf dem Konto. Manchmal gibt es – wenn die Gemeinde es zulässt – Leitungseinflüsse durch

Spender: »Wenn die Gemeinde beschließt, einen Jugendreferenten einzustellen, spende ich jährlich dafür 30 000,- Euro.«

Natürlich zeigt sich die Grundausrichtung der Gemeinde an den laufenden Programmen und Veranstaltungen. Wenn Kinder wirklich wichtig sind, ist das im Gemeindebrief an den Veranstaltungen erkennbar. Wenn Evangelisation ein Schwerpunkt der Gemeindearbeit ist, dann wird die Gemeindeleitung dafür sorgen, dass nicht nur geredet wird.

Ein weiterer wichtiger Aspekt sind die Gremien. Sie sind in der Regel satzungsgemäß eingerichtet. Auch die Regelungen zu Wahlen bzw. zu Entscheidungsfindungen geben Auskunft über die praktizierte Leitung. Steht zum Beispiel in der Satzung, dass alle Ausgaben über 1000,- Euro in der Mitgliederversammlung beschlossen werden müssen, so sind praktisch alle immer beteiligt und leiten mit. Sagt die Satzung aus, dass die Gemeindeleitung jährlich einen Haushalt vorzustellen und von der Mitgliederversammlung zu verabschieden hat, so verfügt die Gemeindeleitung über eine wesentlich höhere Gestaltungsfreiheit.

Es kann sinnvoll sein, sich die Struktur der Gemeinde auch hinsichtlich verschiedener Gruppen anzusehen. In manchen Gemeinden haben die gut entwickelten Hauskreise mit ihren Leitern eine besondere Leitungsfunktion. Es kann der große gemischte Chor oder der Seniorenkreis sein, der in besonderer Weise Entscheidungsprozesse anregt bzw. unterstützt.

Natürlich sind die hauptamtlichen Mitarbeiter leitend tätig. Hier gibt es unterschiedliche Modelle. So kann z.B. der Pastor »der Leiter« der Gesamtgemeinde sein, oder aber er ist lediglich ein Leitungsmitglied und ein anderer übernimmt die Rolle des »Gemeindeleiters«.

Gemeinden gehen unterschiedlich mit ihren Mitgliedern, Freunden und Gästen um. Manche Gemeinden übergeben Leitungsverantwortung nur an langjährige »verdiente« Mitarbeiter. Andere Gemeinden arbeiten »durchlässiger«: Sogar Gäste oder z.B. Neuzugezogene dürfen mitreden, entscheiden und sogar Arbeitskreise leiten.

Manchmal lohnt auch ein Blick auf die Generationen. Es kommt vor, dass die Älteren alles im Griff haben, es kann inoffizielle Leiter geben, z.B. ehemalige Leitungsmitglieder, die sich weiterhin munter einbringen, oder aber es sind Familienstrukturen, die eine Gemeinde prägen.

Leitung geschieht vielfältig. In jeder Gemeinde wird anders geleitet. Es ist Aufgabe der Gemeindeleitung, sich das spezifische »System Gemeinde« bewusst zu machen. Die Gemeindeleitung macht Leitung für sich und für die Gemeinde transparent und nimmt selbstverständlich Einfluss. Gemeindeleitung hat zu leiten – sonst tun es andere! Wenn Sie mögen, diskutieren Sie bei Ihrer nächsten Leitungssitzung: Wie geschieht Leitung in unserer Gemeinde?

Gemeindeleitung hat zu leiten – sonst tun es andere!

6. Hilfreiche Strukturen entwickeln

Die folgenden Ausführungen sind insbesondere für MitarbeiterInnen in Gemeindeleitungen gedacht. Wenn Sie die letzten Kapitel gelesen haben, werden Sie sich möglicherweise fragen: Wie soll das alles gehen? Wie ist das zu schaffen?

Die bisher beschriebenen Herausforderungen sind ohne Weiteres nachvollziehbar: Es macht Sinn, Mitarbeiter zu gewinnen und dann kompetent zu begleiten. Es macht Sinn, für die Gemeinde ein Leitbild zu entwerfen oder auch Ziele zu entwickeln, damit wir unsere Zukunft gut gestalten. Es macht Sinn, die Gemeinde wirklich zu leiten und Veränderungsprozesse intensiv zu begleiten.

Aber: Wann sollen wir das tun? Wir kommen mit unserer bisherigen Arbeit schon an unsere Grenzen! Unsere Sitzungen dauern schon lang genug, wir werden immer wieder mit einer Vielzahl von Aufgaben überflutet! Und jetzt sollen wir auch noch mehr leiten. Ein schöner Wunsch! Aber wie soll das gehen?!

In einer größeren Gemeinde sitzt die Gemeindeleitung zusammen und behandelt folgende Fragen:

»In welcher Farbe wird Raum X gestrichen?«

»Was machen wir mit den alten Jalousien?«

»Im Foyer lag am Sonntagmorgen Bonbonpapier.«

»Die Tür beim Nebeneingang war letzte Woche Mittwoch nicht abgeschlossen.«

»Der Zaun draußen muss ersetzt werden.«

»Was für Bäume pflanzen wir vor dem Gemeindehaus?«

»Um wie viel Uhr beginnt die Christvesper: 16.00 Uhr, 16.30 Uhr oder doch besser um 17 Uhr, wenn es schon etwas dunkler ist …?«

»Am Schwarzen Brett hängt schon seit acht Wochen eine Mietanzeige – wer hat die aufgehängt?«

»Im Gemeindebrief waren letzten Monat zu viele Grammatikfehler!«

Diese Fragen verdeutlichen: Wenn eine Gemeindeleitung sich um alle möglichen Anliegen kümmert, hindert sie sich selbst daran, ihrem eigentlichen Auftrag nachzukommen. Hier gibt es wenig Energie und Zeit für die eigentlichen Leitungsaufgaben. Auch die geistliche Dimension bleibt auf der Strecke. Das Gebet und das Hören auf Gottes Wort kommen zu kurz, weil wir von den Dringlichkeiten des Gemeindealltags getrieben werden.

Wenn eine Gemeindeleitung sich um alle möglichen Anliegen kümmert, ist sie darin behindert, ihrem eigentlichen Auftrag nachzukommen.

Ein Fallbeispiel

Die Analyse

Ich sitze mit einer Gemeindeleitung bei einem ersten Klausurtag zusammen und wir nehmen uns Zeit für eine ehrliche Analyse:

»Wir machen zu viel Tagesgeschäft und kommen gar nicht dazu, unserem eigentlichen Auftrag nachzukommen: die Gemeinde geistlich zu leiten.

Wir verlieren zu oft die Übersicht.

Wir haben keine Klarheit über Auftrag, Werte, Zielrichtung.

Wir sind überlastet.

Wir delegieren zu wenig und investieren zu wenig Vertrauen in unsere Mitarbeiter.

Wir haben keine klaren Zuständigkeiten.

Wir haben unseren Pastor zu oft vorne stehen.

Wir sind schwach im Kommunizieren.

Wir sind zu wenig initiativ, sondern reagieren viel zu oft einfach nur.

Wir ermutigen zu wenig.«

Meine Reaktion als begleitender Berater: »Ganz schön mutig!« Ich selbst neige dazu, Probleme behutsamer anzusprechen. Ich rede statt von »Problemen« eher von »Herausforderungen« und »Wachstumsfeldern«. Doch Schönfärberei kann notwendige Veränderungen blockieren. Dabei ist es normal, dass wir im Alltagstrubel strukturell an Grenzen kommen.

Im Alten Testament ist es der Schwiegervater von Mose, Jitro, der ausspricht, was alle denken: »Du musst das anders anpacken, Mose! Die Menschen stöhnen, weil du alles alleine machst ...« (2. Mose 18,13-24). Im Neuen Testament kommt der Anstoß auch von außen. Der »Arbeitskreis Diakonie« haut auf den Putz und sagt: »Unsere Sozialarbeit funktioniert nicht mehr, weil ihr als Leitung nicht mehr hinterherkommt!« (Apostelgeschichte 6,1-4).

Eine erste Analyse ist gemacht. Bei unserer Klausur geht es in die zweite Runde. Nun träumen wir einfach einmal: »Wie könnte es sein? Was wäre der Idealzustand?«

Der Idealzustand

Die erwünschten Beschreibungen sind schneller zusammengetragen als die Problemanalyse, sind sie doch einfach deren Spiegelbild:

»Wir brauchen eine klare geistliche Leitung und eine gute praktische Umsetzung.

Wir wünschen uns Klarheit über Auftrag, Werte und die Zielrichtung unserer Gemeinde.

Wir brauchen klare Verantwortlichkeiten.

Wir wünschen uns eine exzellente Kommunikation.

Wir sorgen für eine gute, ermutigende Mitarbeiterbegleitung und -entwicklung.

Unser Ziel: Jeder ist mit seinen Gaben am richtigen Platz, ohne überfordert zu sein.

Der Umgang untereinander ist liebevoll, aufbauend, geprägt von Wertschätzung und Achtung.«

Analyse und Zielbestimmung – in der dritten Phase wird dann eine Perspektive zur Strukturverbesserung angedacht. Doch bevor es auf die Lösungsebene geht, vereinbaren wir: Wir lassen uns Zeit. Analyse und Zielbestimmung werden in der nächsten Gemeindemitgliederversammlung vorgestellt und beraten, ohne sofort fertige Lösungen zu präsentieren. Wir sind herausgefordert, für unsere spezifische Gemeindesituation Gemeindeleitung neu zu verstehen und zu beschreiben. Strukturelle Änderungen sollen sorgfältig geplant werden. Dem Veränderungsprozess wollen wir eine hohe Aufmerksamkeit widmen.

Die Strukturveränderung

Auf einer zweiten Klausur (nach der Mitgliederversammlung) geht es weiter. Es beginnt mit der Aufgabenbeschreibung für den Ältestenkreis. Wir fragen:

Wie können wir unsere Arbeit besser machen?

Was sind ureigenste Verantwortlichkeiten?

Was sind unsere Kernaufgaben?

Das vorläufige Ergebnis: Der Ältestenkreis

▶ *verantwortet den Kurs der Gemeinde (Verkündigung und Lehre, Schwerpunkte, Ziele, Vision …).*

▶ *achtet auf die Umsetzung des Gemeindeauftrags, der Gemeindewerte, -ziele, -strukturen.*

▶ *beruft, motiviert und begleitet die Mitarbeiter des Leitungskreises.*

▶ *verantwortet die Fragen der Mitgliedschaft sowie Taufe, Trauung, Beerdigung.*

▶ *verantwortet das Auftreten der Gemeinde in der Öffentlichkeit und übergemeindlich.*

▶ *ist zuständig für (schwerere) Seelsorge und Konfliktklärung.*

▶ *regelt das Dienstverhältnis der hauptamtlichen MitarbeiterInnen.*

▶ *betet für die Gemeinde und für Kranke (insbesondere nach Jakobus 5).*

▶ *plant und bereitet den Finanzhaushalt vor.*

Wir sind uns einig: Das alles ist viel/genug Arbeit! Sie wird nur zu leisten sein, wenn wir nach Apostelgeschichte 6 eine zweite eigenständige Leitungsebene einführen. Wir brauchen einen weiteren Leiterkreis, der eigenständig übertragene Aufgabenbereiche verantwortet. Bisher sind den Ältesten verschiedene Arbeitsbereiche und Arbeitskreisleiter zugeordnet worden. Die Schwierigkeit dabei: Alle Themen und Entscheidungen landeten letztlich doch wieder im Ältestenkreis.

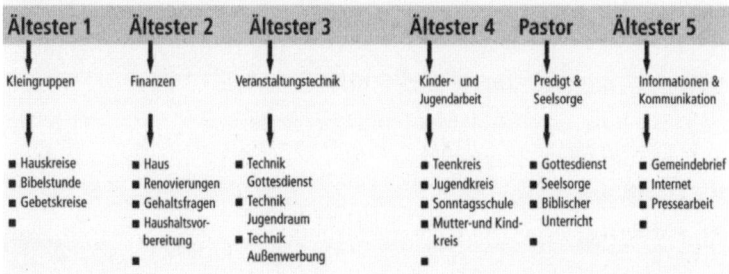

Abb. 25

Das soll mithilfe der zweiten Leitungsebene, auf die mehr Verantwortung übertragen wird, anders werden. Dazu wird überlegt: Was sind die Schwerpunkte unserer Gemeindearbeit? Für diese Schwerpunkte bilden wir Ressorts, denen möglichst alle Arbeitsgruppen der Gemeinde mit ihren Mitarbeitern zugeordnet werden.

In dieser Überlegungsphase werden Gäste aus einer benachbarten Gemeinde eingeladen, die in vergleichbarer Situation vor nicht allzu langer Zeit einen ähnlichen Prozess durchlebt hat. Sie können frische Erfahrungen einbringen. In jener (auch größeren) Gemeinde sind acht Bereiche definiert worden.

Abb. 26

▶ Gemeindediakonie
▶ Musik und Moderation
▶ Kleingruppen
▶ Veranstaltungstechnik
▶ Kinder- und Jugendarbeit
▶ Kommunikation
▶ Haus und Grundstück
▶ »Libero« (oder auch »Special Agent«)

In einen neu gegründeten »Leitungskreis« werden für jeden Kernbereich verantwortliche LeiterInnen (»Bereichsleiter«) berufen.

Was macht der Leitungskreis konkret? Er plant alle Veranstaltungen der Arbeitsbereiche, klärt Raumfragen, löst Mitarbeiterfragen, stimmt sich im Rahmen eines Budgets über die Finanzen ab. Damit nicht die Bereichsleiter zusätzlich anfallende Arbeiten mitschultern müssen, ist ein »Libero« dabei. Er kommt ins Spiel, wenn es z.B. um Gemeindefeste oder Freizeiten geht. Er schreibt auch das Protokoll, das dem Ältestenkreis als Information zugeht (Vetorecht!). Selbstverständlich arbeiten »Ältestenkreis« und »Leitungskreis« gut zusammen. Personell gibt es in einer Person ein Bindeglied. Wenn sich der Leitungskreis anfangs ca. achtmal jährlich trifft, so sind z.B. zwei Treffen davon gemeinsam. Jeder Leiter im Leitungskreis sucht sich einen Coach im Ältestenkreis aus, von dem er angemessen begleitet wird.

Die Gemeinde hat sich nach einer zweijährigen Probephase dafür entschieden, mit der neuen Struktur weiterzuarbeiten. Jetzt ist der Zeitpunkt gekommen, um die Gemeindeordnung zu aktualisieren.

In jeder Gemeinde sind es etwas andere Bereiche, die zusammengefasst werden.

Jede Gemeinde ist nun mal ein einzigartiges, wunderbares Original. Und natürlich wird auch strukturell eine eigene Note kreiert. Wichtig ist am Ende nicht die Darstellung einer Struktur auf Hochglanzpapier, sondern die Menschen, die mit ihr leben und sie als Hilfe für ihre Gemeinde anwenden.

Was sind die Kerngesichtspunkte für hilfreiche Strukturen?

Grundsätzliche Überlegungen

Wenn Sie momentan für die Gemeinde oder für Ihren Arbeitsbereich eine gute Struktur gefunden haben: Gratulation! Es gibt keinen Grund, daran etwas zu ändern. Die Struktur hat dienende Funktion. Sie soll uns helfen, unsere Arbeit gut zu machen. Sie ist nicht auf ewig festgeschrieben, sondern wird den Bedürfnissen angepasst. Es ist auch wenig sinnvoll, Struktur prächtig darzustellen. Glanzvolle Organigramme, hochwertig erstellte Schautafeln sind unangemessen. Die Struktur selber hat keinen Eigenwert. Die Mitarbeiter und Arbeitsbereiche sind wichtig. So unterschiedlich unsere Gemeinden sind, so unterschiedlich werden auch die Strukturen sein. Es gibt keine Struktur, die auf jede Gemeinde passt. Versuchen Sie, für Ihre Gemeinde eine passende Struktur zu entwickeln.

Die Mangelsituation

Der Auslöser für eine Strukturveränderung kann eine Mangelsituation sein. Mose ist in 2. Mose 18 überfordert, weil er als Beauftragter Gottes auch der alleinige Gerichtsherr für ein ganzes Volk ist. Um die Rechtsfindung und Rechtsprechung zu beschleunigen, damit der Rechtsfrieden in Gottes Volk gewahrt wird, unternimmt er auf den Rat seines Schwiegervaters hin den Schritt, das Rechtswesen mehrstufig zu machen. Er selbst behält sich nur die letzte Instanz vor. Damit wird es ihm möglich, seiner eigentlichen geistlichen Leitungsaufgabe wieder gerecht zu werden: »Vertritt das Volk vor Gott und bringe ihre Anliegen vor Gott und tu ihnen die Satzungen und Weisungen kund, dass du sie lehrst, den Weg, auf dem sie wandeln, und die Werke, die sie tun sollen.«

Es gibt keine Struktur, die auf jede Gemeinde passt.

Folgende Fragen können helfen, die mögliche Mangelsituation zu beschreiben:

▶ Was läuft unbefriedigend? Wo erleben wir einen Mangel?
▶ Was sind die wirklich wichtigen Aufgaben der Gemeindeleitung, die wir momentan wahrnehmen?
▶ Was sind die wirklich wichtigen Aufgaben der Gemeindeleitung, die wir momentan nicht/nicht genügend wahrnehmen?
▶ Welche (derzeitig wahrgenommenen) Aufgaben gehören nicht in die Gemeindeleitung?
▶ Woran merken unsere Mitglieder und Mitarbeiter, dass wir nicht optimal arbeiten?

Der Idealzustand

Um den »Idealzustand« zu ermitteln, können Sie z.B. folgende Fragen besprechen:

► Wozu sind wir da?
► Welche Hauptaufgaben werden wir zukünftig wahrnehmen?
► Woran werden die Mitglieder und Mitarbeiter merken,
  dass sich unsere Leitungssituation wesentlich verbessert hat?
► Was wird anders sein, wenn wir neue hilfreiche Strukturen
  eingeführt haben?

Biblische Orientierung

Für die Erarbeitung von Strukturen kann es sinnvoll sein, Erkenntnisse aus dem modernen Management einzubeziehen. Diese Praxis widerspricht aber nicht dem Grundanliegen, biblische Grundordnungen auf das Gemeindeleben und somit auch auf deren Arbeitsstrukturen zu übertragen. Das Neue Testament berichtet von Spannungen zwischen dem hebräisch sprechenden und dem griechisch sprechenden Teil der Jerusalemer Gemeinde, die sich an der ungleichen Versorgung der jeweiligen Witwen entzünden (Apostelgeschichte 6). Dadurch ist der Gemeindefrieden erheblich gestört. Um diesem Missstand abzuhelfen, bitten die Apostel, die diesen Bereich bislang mit abgedeckt haben, die Gemeinde um Personalvorschläge für diese Aufgabe. In diesem Zusammenhang betonen auch die Apostel, wie Mose vorher, sich wieder auf die eigentlichen Aufgaben geistlicher Gemeindeleitung konzentrieren zu wollen: »Es nicht in Ordnung, dass wir aufhören, das Wort Gottes zu predigen, um stattdessen die Sorge für die Regelung der Mahlzeiten zu übernehmen!«

Dies sollen Männer mit gutem Ruf tun, die voll Geist und Weisheit sind. Die Apostel werden mit ihrer Wahl wieder frei für ihre eigentlichen Aufgaben: »Wir dagegen wollen weiterhin ganz für das Gebet und die Wortverkündigung da sein« und nicht für ein allgemeines Management in der Gemeinde. Das Problem einer möglichen Überforderung liegt oft nicht an den Leistungsgrenzen der geistlichen Leiter, sondern an den strukturellen Rahmenbedingungen ihres Dienstes. Ein gutes »Management« kann helfen, diese Rahmenbedingungen zu entwickeln.

Leitungsverständnis

Die bisherigen Ausführungen gehen stärker von einem integrierenden Leitungsverständnis aus. Damit ist das Anliegen gemeint: »Wir befähigen und beteiligen möglichst alle Mitglieder der Gemeinde. Auch Leitungsverantwortung wird delegiert.« Im Schaubild sehen Sie das Beispiel eines verantwortlich arbeitenden Leitungskreises. Sicher gibt es eine Informationspflicht (Protokollwesen), die einzelnen Mitarbeiter werden aus dem Ältestenkreis heraus gecoacht, der Ältestenkreis hat Vetorecht. Aber trotzdem arbeitet der Leitungskreis im Rahmen auch eines finanziellen Budgets selbstständig.

In mehr hierarchisch geprägten Gemeinden wird die Beteiligung von Mitarbeitern begrenzt sein. Im dargestellten Beispiel (siehe Schaubild) ist ein Arbeitskreisleiter einem Ältesten direkt verantwortlich. Aus der integrativen Sicht ist diese hierarchische Arbeitsweise nachteilig. Zum einen landen alle wichtigen Entscheidungen wieder im gesamten Ältestenkreis. Zum anderen sind die Arbeitskreisleiter nicht miteinander vernetzt. Auch wenn Ihre Gemeindestrukturen hierarchisch geprägt sind und Sie grundsätzlich so weiterarbeiten wollen: Vielleicht macht es trotzdem für Sie Sinn, Ihre Arbeitsweise – wenn auch nur in Einzelbereichen – zu verbessern?

Veränderungsprozess

Eine Strukturveränderung bedeutet einen umfassenden Veränderungsprozess für eine Gemeinde. Ihm ist entsprechende Sorgfalt und Energie zuzuwenden. Eine Strukturveränderung bedeutet eine echte Chance: Gemeindeleitungen können sich entlasten und wieder echt leiten. Die Leitung wird auf eine breitere Basis gestellt. Die Gemeinde wird befähigt mit mehr leitenden Mitarbeitern und einer effektiveren Arbeitsweise die notwendigen Herausforderungen für die Gemeinde anzupacken!

7. Konflikte lösungsorientiert bearbeiten

Konflikte als Chance nutzen

Bei einem Leiterkurs in Leipzig sprechen wir über Konflikte und überlegen zunächst, wann wir sogenannte »Sternstunden« erlebt haben, also Zeiten, in denen wir keine Konflikte ausgetragen haben. Woran lag das? Was hat dazu geführt, dass Konflikte nicht entstanden sind? Auf einer Flipchart tragen wir die spontanen Gedanken dazu zusammen:

Gemeinsames Erleben

Gutes Essen

Feiern

Regelmäßige und gut vorbereitete Treffen

Sich auf den anderen einlassen

Verlässlichkeit

Gemeinsame Fortbildung

Absprachen einhalten

Gemeinsames Tragen

Beziehungspflege

Integration neuer Mitarbeiter

Die Stichworte zeigen, dass wir einiges dafür tun können, damit Konflikte nicht entstehen. Trotzdem machen wir die Erfahrung, dass Konflikte ein natürlicher Teil des Lebens und der Zusammenarbeit sind. Es gibt kein konfliktfreies Miteinander. Es kommt darauf an, miteinander zu lernen, Konflikte zu bearbeiten. Mehr noch: Konflikte sind sogar eine echte Chance, unsere Gemeindearbeit weiterzuentwickeln.

> Es gibt kein konfliktfreies Miteinander. Es kommt darauf an, miteinander zu lernen, Konflikte zu bearbeiten.

Manche Gemeinden entwickeln sich nicht weiter, weil ungelöste Konflikte die Arbeit behindern. Manchmal sind Konflikte intensiv bearbeitet worden, aber man ist ohne Ergebnis und ohne Lösung wieder auseinandergegangen. Die Konfliktpartner leiden. Sie sind eigentlich hoch motiviert, den Konflikt aus der Welt zu schaffen. Aber es gelingt nicht. Wenn Sie mögen, überlegen Sie einmal:

Was war Ihr bisher schwerster Konflikt innerhalb der Gemeinde?
Wie bearbeiten und lösen Sie selbst Konflikte?
Wie erleben Sie die Konfliktbearbeitung in Ihrer Umgebung?
In welchen Bereichen Ihrer Gemeinde nehmen Sie unbearbeitete
Konflikte wahr?

Inzwischen gibt es eine Flut von Literatur, die uns rund um das Thema Konflikte aufklärt. Darin werden Konflikte verständlich definiert:

▶ Es sind mindestens zwei Parteien.
▶ Es gibt ein gemeinsames Konfliktfeld.
▶ Es gibt Gefühle (»Angst«, »Wut«).
▶ Es gibt unterschiedliche Handlungsabsichten.
▶ Es gibt gegenseitige Beeinflussungsversuche.

Um einen Konflikt besser zu verstehen, kann man folgende Fragen stellen:

Geht es um einen persönlichen Konflikt oder mehr um eine
Sachfrage?
Geht es um einen Zielkonflikt oder mehr um den Weg dorthin?
Oder geht es um die viel beschworene Kommunikation?

Beginnen wir die Bestandsaufnahme mit der vielleicht schlimmsten Form der Konfliktbearbeitung: dem »ewigen Frieden«: Das Gespräch oder die Versammlung beginnt mit einer zwanzigminütigen Andacht, in der die Friedenspflicht aller Anwesenden pastoral beschworen wird. Die zitierten Bibelaussagen lassen keinen Zweifel aufkommen. Die Zauberformel heißt: »Hier und heute, noch vor Sonnenuntergang, wird mit allen Menschen der Frieden wiederhergestellt!« Es folgt eine geschwisterliche Aussprache. Die Konflikte werden vage angesprochen. Alle meinten es ja immer nur gut. Es hat Missverständnisse gegeben. Man müsse besser kommunizieren. In der folgenden »Zeit der Stille« könne jeder noch einmal »alles seinem Herrn sagen«. Das abschließende störungsfreie Friedensgebet bringt dem Gesprächsleiter das erleichterte Friedenslächeln auf das Gesicht.

Die zweite Form, die wir beschreiben möchten, ist eine Variation der ersten. Sie heißt: »Ohne mich!« Hier wird die Versammlung in vergleichbarer Weise eröffnet. Aber es ist nur ein Teil der Gesprächspartner bereit, die Nummer mit der ewigen Friedenspflicht durchzuziehen. Zu oft hat man akzeptiert, dass die Konfliktbearbeitung verweigert wurde. Man hört sich alles an, schweigt und beschließt, das letzte Mal dabei zu sein. Man verlässt das Konfliktfeld. Es hat eh keinen Zweck. Deshalb: »Ohne mich!«

Die dritte Form zeichnet sich dadurch aus, dass die Probleme nicht geistlich überdeckt oder schweigend umgangen werden. Ganz im Gegenteil. Die Konfliktpartner nehmen sich vor, den Dingen auf den Grund zu gehen. Mutig, offen, ehrlich kommt alles auf den Tisch. Die Probleme werden ausnahmslos benannt, die Gefühle beschrieben, alle Ereignisse aus der Vergangenheit lückenlos angesprochen. Nichts wird zurückgehalten.

Wir sitzen in einer Viererrunde, weil wir als Moderatoren zu einem Gemeindekonflikt gerufen wurden. Heute sprechen wir zum zweiten Mal mit den beiden Hauptkonfliktpartnern. Sie sind die Exponenten der zwei Konfliktparteien. In unserem Gespräch reihen sich die Stichworte auf der Flipchart aneinander. Wir arbeiten fünf Stunden intensiv an den Problemen. Was ist das Ergebnis? Nach neun Stunden stellen wir verschwitzt fest: An einigen Themen haben wir einen Haken gemacht. Aber auch das andere ist geschehen: Neue Verletzungen sind entstanden. Die traurige Gesamtbilanz: Trotz allem guten Willen und allem Bemühen ist es nicht besser, sondern schlimmer als vorher.

Finden Sie sich in den Beschreibungen wieder?

Haben Sie vergleichbare Erfahrungen gemacht?

Sicher stecken in den drei plakativ beschriebenen Formen hilfreiche Elemente einer Konfliktbearbeitung: die geistliche Dimension; die sinnvolle Möglichkeit, ein Konfliktfeld zu verlassen; das

Aufarbeiten von Brennpunkten. Doch im Folgenden stellen wir Ihnen eine Alternative vor, mit der wir bessere Erfahrungen machen. Es geht um das »Futur Perfekt«. »Futur Perfekt« meint keine perfekte Zukunft, sondern eine Zukunft, die geschehen ist. Bei einem Konfliktgespräch wird nicht gefragt:

Worum geht es denn hier?

Was ist passiert?

Was ist in der Vergangenheit geschehen?

Was ist eigentlich das Problem?

Nein! Die Perspektive wird radikal gewechselt. Die Konfliktpartner schauen nicht zurück, sondern blicken gemeinsam in die Zukunft, in der der Konflikt gelöst ist. Im Zentrum der Betrachtung steht nicht die Vergangenheit, sondern die Energie wird verwendet, um sich auf die Zukunft zu konzentrieren und gemeinsam eine Lösung zu erarbeiten. Die Konfliktpartner entwerfen eine möglichst präzise Vorstellung einer Zukunft, in der die Probleme gelöst sind, eine »Zukunft Perfekt« eben.

Ich verlasse die Gegenwart und stelle mich bewusst in die Zukunft. Ich überlege nicht, wie ich in die Zukunft komme, ich blende den Lösungsweg zunächst aus. Ich stelle mir vor, schon in der gelösten Zukunft zu sein.

Die Schlüsselfragen für diese andere Art der Konfliktbearbeitung benötigen einen Schuss Vorstellungskraft und Kreativität. Stellen wir uns vor:

Wir arbeiten an unserem Konflikt, und es läuft gut:

Wo würden wir z.B. in sechs Monaten oder in zwei Jahren stehen?

Was wird dann genau anders sein?

Wie wird sich die zukünftige Situation von der derzeitigen unterscheiden?

Was werden wir anders machen?

Was werden andere über unsere Arbeit sagen?

Stellen wir uns vor, die Situation hat sich verändert, die Probleme sind gelöst:

Wie werden meine Gefühle sein? Wie werden die Gefühle der anderen sein?
Woran würden wir in z.B. sechs Monaten oder in zwei Jahren merken, dass sich vieles zum Guten verändert hat?

Wenn wir diese Fragen beantworten, diskutieren wir von Anfang an über Lösungen. Realistische Erwartungen, Wünsche und Bedürfnisse werden ausgesprochen. Jeder trägt konstruktiv zur Konfliktlösung bei. So wird beispielsweise formuliert (Originalaussagen):

»Wir haben eine Atmosphäre der Wertschätzung entwickelt« (Bereich Mitarbeiter).

»Wir gehen frühzeitig aufeinander zu und haben eine Streitkultur entwickelt« (Bereich Kommunikation).

»Ich bringe meine Freunde wieder mit« (Bereich Evangelisation).

»Ich mache keinen Bogen mehr um Martin« (Bereich Beziehungen).

»Wir beteiligen unsere Mitglieder und nehmen sie ernst, die Leitungsrollen sind geklärt, wir stehen zu gemachten Fehlern« (Bereich Leitung).

Bei der Gesprächsführung – in der Regel durch einen Moderator – sind natürlich alle klassischen Elemente einer Moderation hilfreich: die Beiträge bündeln, Gemeinsamkeiten und Unterschiede herausarbeiten, eine Reihenfolge der Bearbeitung vereinbaren, Ergebnisse sichern etc.

Versuchen Sie, Ihre Konflikte lösungsorientiert zu bearbeiten. Suchen Sie von Anfang an Lösungen.

Wir selbst waren am Anfang skeptisch: »Futur Perfect« – wird das funktionieren? Aber es geht wirklich! Inzwischen können wir uns die altgewohnten Formen der Konfliktgespräche nicht mehr vorstellen. Konflikte sind für uns inzwischen mehr Chance als Gefahr, um die zweiteilige Symbolik des chinesischen Zeichens für

Konflikt aufzugreifen. Unsere Empfehlung: Versuchen Sie, Ihre Konflikte lösungsorientiert zu bearbeiten. Suchen Sie von Anfang an Lösungen. Ungelöste Konflikte lähmen. Für die Weiterentwicklung unserer Gemeinde müssen wir es unbedingt lernen, Konflikte auf gute Weise zu bearbeiten, denn der nächste Konflikt kommt mit Sicherheit! Er ist eine prima Chance für Sie selbst und Ihre Gemeinde!

Im Folgenden ist ein möglicher Ablauf für ein erstes Konfliktlösungsgespräch skizziert. Idealerweise nehmen wir in Konflikten einen von allen Konfliktpartnern akzeptierten Moderator dazu.

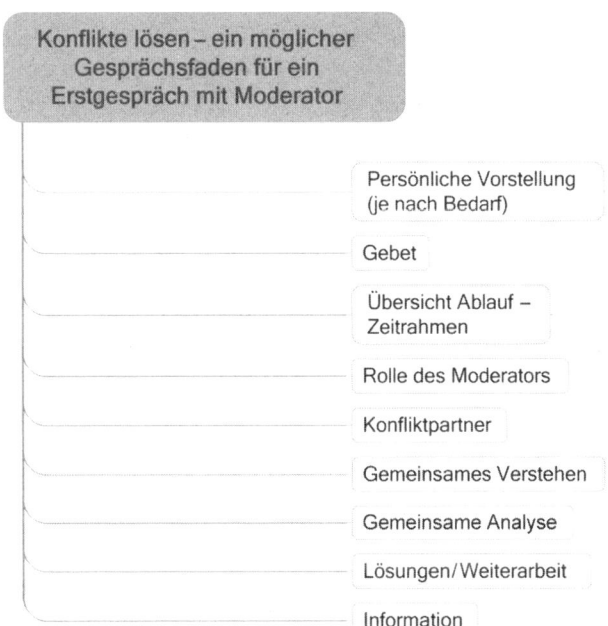

Abb. 27

Persönliche Vorstellung

Sie ist notwendig, wenn sich nicht alle kennen; manchmal ist z.B. der Moderator unbekannt.

Gebet

Am Anfang stehen ein kurzes Gebet und vielleicht auch ein kurzes Bibelwort. Längere Andachten wirken manipulativ und sind unangebracht. Die nächste Predigt können wir nächsten Sonntag um 10 Uhr wieder hören. Wir bitten einfach und schlicht um den Beistand Gottes für die gemeinsame Konfliktarbeit.

Übersicht Ablauf – Zeitrahmen

Der Moderator bespricht den geplanten Ablauf, ein ungefährer Zeitrahmen wird abgesteckt.

Rolle des Moderators

Der Moderator informiert kurz, wann er evtl. mit wem vorher gesprochen hat, welche Informationen ihm zur Verfügung gestellt worden sind. Er erklärt, dass er versuchen werde, im Konflikt zu vermitteln, zu helfen und dabei die Anliegen aller Konfliktpartner vertrauensvoll aufzugreifen.

Konfliktpartner

Der Moderator erklärt kurz, wer warum – nach seinem Kenntnisstand – heute bei dem Gespräch dabei ist. Er fragt sicherheitshalber nach, ob weitere wichtige Konfliktpartner fehlen (hat er in der Regel vorher geklärt).

Futur Perfekt

Der Moderator führt das oben beschriebene Futur Perfekt durch. Es kann sein, dass Teilnehmer emotional so belastet sind, dass sie sich nicht in der Lage fühlen, sich auf eine lösungsorientierte Bearbeitung einzulassen. In diesem Fall bespricht der Moderator mit den Konfliktpartnern sogenannte »Brennpunkte«: Was muss für sie unbedingt geklärt werden? Die Brennpunkte werden zusammengetragen und zur Seite gelegt, danach wenden sich alle der lösungsorientierten Arbeit am Futur Perfekt zu. Die Brennpunkte werden zu einem späteren Zeitpunkt wieder eingespielt. Das Futur Perfekt dient dazu, die Bedürfnisse und Erwartungen der Konfliktpartner kennenzulernen und zu verstehen. Deshalb stellt der Moderator sicher, dass die genannten Beiträge von allen inhaltlich verstanden werden.

Gemeinsame Analyse

In diesem Schritt werden die Beobachtungen zusammengetragen. Es ergeben sich Unterschiede, aber auch gemeinsame Betrachtungsweisen.

Lösungen/Weiterarbeit

In der nächsten Phase werden konkrete Schritte vereinbart. Gibt es eine Vielzahl von Punkten, so kann eine Prioritätenliste erstellt werden. Manches kann sofort geklärt oder geregelt werden. In diesem Falle ist es motivierend, an diesen Punkt »einen Haken« zu machen. Es wird vereinbart, wann und wie weitergearbeitet wird. Evtl. werden für Sachthemen Impulsgeber eingeladen.

Information

Im letzten Schritt wird die Informationspolitik besprochen. Manche Inhalte sind womöglich sensibel, entsprechend wird verbindlich Vertraulichkeit vereinbart. Bei anderen Punkten sind möglicherweise andere betroffen, dann sind sie entsprechend zu informieren. Hinsichtlich größerer Sachthemen, die zur Sprache gebracht worden sind, kann es sinnvoll sein, einen größeren Personenkreis, vielleicht sogar die gesamte Gemeinde, zu informieren, z.B.: »Wir haben zuletzt in einem Gespräch gemeinsam festgestellt, dass wir unbedingt an dem Thema Evangelisation arbeiten müssen. Hier hat es in der Vergangenheit Konflikte gegeben. Wir haben uns einiges überlegt, wie wir diese Aufgabe neu anpacken können!«

8. Evangelisation neu entdecken

Wir kennen keine Gemeinde, in der nicht über Wachstum gesprochen wird. Gerade in stagnierenden, rückläufigen oder kleinen Gemeinden steht diese Perspektivfrage zu Recht immer wieder auf der Tagesordnung. Dabei gibt es zwei verschiedene Ansätze. Zum einen kann ich überlegen: »Wie kriegen wir wieder mehr Leute in unsere Gemeinde? Was müssen wir tun, um wieder mehr Besucher für unsere Veranstaltungen und Programme zu gewinnen? Wenn das so weitergeht, gehen bald die Lampen aus! Wir müssen unbedingt etwas tun, um den Negativtrend zu drehen!«

Diese erste Perspektive unterscheidet sich in keiner Weise von jeder anderen Art Vereinsarbeit. Ich bin früher Mitglied in einem Tennisclub gewesen. Die Mitglieder waren überaltert, der durch Boris und Steffi ausgelöste Boom Geschichte. Was tun? Die guten (!) Maßnahmen, die ergriffen wurden, sind allgemein anwendbar:

▶ Ein ordentlicher Internetauftritt muss her.
▶ Kinder und Jugendliche werden besonders gefördert.
▶ Schnuppertage inklusive Grillfest werden organisiert und in der Presse beworben.
▶ Neumitglieder erhalten am Anfang Vergünstigungen und werden besonders umsorgt. So lädt der Vorsitzende zu einem speziellen Treffen ein, Freibier wird ausgeschenkt.

Das sind alles sehr gute Ideen – und doch lautet die Fragestellung in einer christlichen Gemeinde noch einmal ganz anders: Wie erreichen wir Menschen mit der Liebe von Jesus? Dabei sprechen wir nicht über ein Wellnessprogramm, sondern über die Liebe aus einer anderen Welt. Es geht um die unfassbare Liebe Jesu am Kreuz. Ich selbst bin als Sünder geboren. Ich lebe als Sünder und habe in Jesus einen Heiland gefunden, der für mich am Kreuz verblutet ist. Aus Gnade durfte ich in die Arme eines liebenden himmlischen Vaters laufen. Das ist so großartig, dass eine ganze Welt davon erfahren muss. Und diese Welt fängt bei meinen Nachbarn und Freunden an.

Das Entscheidende beginnt in unseren Herzen: Ohne Liebe laufen die Aktivitäten ins Leere.

Ich selbst kann eine Menge unternehmen. Ich kann in meiner Gemeinde menschliche Leistungen bündeln und mit Aktivitäten und Programmen beeindrucken. Aber das Entscheidende beginnt in unseren Herzen: Ohne Liebe laufen die Aktivitäten ins Leere. Ohne die Liebe des Kreuzes gibt es keine Gnade.

Was ist schwerer: Aktionen zu starten, ein Wachstumsprogramm aufzulegen oder die Herzensliebe in uns zu entfachen? Wert und Aktion: Beides gehört zusammen. Evangelisation wird zum Herzensanliegen, ist als Wert tief in unserem Gemeindeleben verankert. Dazu kommt die Aktivität. Wir tun konkret etwas, damit Menschen von der Liebe Jesu erfahren.

Glücklicherweise haben viele unserer Gemeinden in den letzten Jahren dieses Grundverständnis aufgenommen. Im Bund Freier evangelischer Gemeinden z.B. kam es 2009 zu konzeptionellen und personellen Veränderungen im Arbeitsbereich Evangelisation. In diesem Zusammenhang wurden ca. 100 Pastoren und leitende Mitarbeiter befragt:

▶ Was werden Sie tun?
▶ Welche Initiativen halten Sie für am aussichtsreichsten?
▶ Welche Wege werden Sie möglicherweise neu ausprobieren?
▶ Was werden Sie voraussichtlich in den nächsten fünf Jahren für Evangelisation unternehmen?

Zum einen wurden Planungen bezüglich Jüngerschaft benannt. Hierbei wird überlegt, die »eigenen Leute« zu motivieren und zu befähigen, über ihren Glauben Auskunft zu erteilen und die gute Nachricht von Jesus weiterzusagen.

Die anderen Aktivitäten beziehen sich direkt auf die Menschen, die erreicht werden sollen. Hier werden Glaubenskurse genannt, Großveranstaltungen wie »ProChrist« oder »Jesus House«. Dazu kommen individuell entwickelte Angebote für spezielle Zielgruppen, z.B. für Kinder, Mütter, Männer. Konkret geplant sind: Legotage, Bauwagenarbeit für Kinder, Kindermusical einstudieren, Pfadfinderarbeit, Aerobic-Kurse, Mutter-Kind-Kreis.

Genannt wurden auch sogenannte »Vorschaltveranstaltungen« – niederschwellige Angebote, bei denen es darum geht, Begegnungsbrücken zu bauen, wie z.B. Nachbarschaftsfeste, Jazz Brunch oder die Beteiligung beim Tag des Denkmals.

Verstärkt ins Blickfeld geraten die diakonischen Aktivitäten. Die Motivation dabei: nicht nur über das Evangelium reden, sondern es

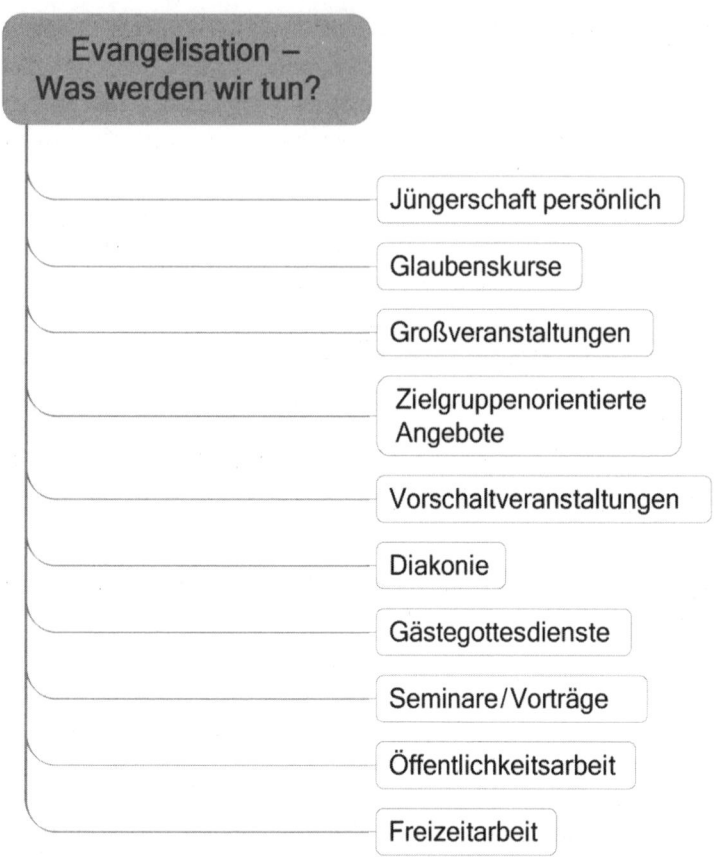

Abb. 28

leben. Viele Gemeinden möchten einen spürbaren Beitrag für ihr Dorf oder ihre Stadt leisten. Sie fragen sich: »Was würde meiner Stadt oder meinem Dorf fehlen, wenn es uns als Gemeinde nicht mehr gäbe?« Hier werden genannt: Besuchsdienst, häusliche Unterstützung, Café für Demenzerkrankte, Hausaufgabenhilfe, Nachmittagsbetreuung für Kinder. Als weitere Aktivitäten werden erwähnt: besondere Gottesdienste für Gäste, Seminare sowie Freizeitarbeit. Manche sehen auch den Bedarf, die eigene Öffentlichkeitsarbeit zu verbessern. Dabei gewinnt die eigene Homepage zunehmend an Bedeutung.

Die gesammelten Beiträge sind keineswegs repräsentativ und erheben keinerlei wissenschaftlichen Anspruch. Sie zeigen aber aus unserer Sicht: Es gibt eine Fülle von möglichen Aktivitäten, Ideen, Impulsen und Angeboten. Viele Gemeinden leben evangelistisch. Sie haben das evangelistische Anliegen in ihr Gemeindeleben eingebaut. Nach unserer Überzeugung ist daraus allerdings kein für alle gültiges evangelistisches Konzept zu stricken. Jede Gemeinde muss sich der Herausforderung stellen, für sich die angemessene Form von Evangelisation zu finden.

> Jede Gemeinde muss sich der Herausforderung stellen, für sich die angemessene Form von Evangelisation zu finden.

Manche machen beste Erfahrungen mit »Pro-Christ«. Bei anderen finden Glaubenskurse eine positive Resonanz. Wieder andere finden zielgruppenorientiert einen guten Weg, um Menschen zu erreichen. Manches, was heute gut »funktioniert«, läuft nächstes Jahr ins Leere. Wie plädieren sehr stark dafür, Evangelisation eine hohe Priorität zu geben, dabei in den Formen und Aktivitäten sehr flexibel zu sein und insbesondere die Gemeindemitglieder sehr stark einzubeziehen. Sic sind einfach nah dran an den Menschen, sie sind die eigentlichen Träger von Evangelisation. Evangelisation ist nicht die Sache einiger Profis, sondern die gemeinsame Aufgabe aller Gläubigen.

Im Folgenden schlagen wir Ihnen einen praktischen Weg vor, das Thema Evangelisation in Ihrer Gemeinde zu beleben. Die methodische Vorgehensweise können Sie übrigens auch auf andere Fragestellungen übertragen. Der Grundansatz ist dabei, auf das zu sehen, was schon da ist. Wir schauen zunächst nach den Ressourcen und auf das, was schon gelingt. In einer zweiten Phase überlegen wir uns kleine Fortschritte, überschaubare, leicht umsetzbare Maßnahmen, die uns einen oder zwei kleine Schritte weiterbringen. Diese lösungsorientierte Vorgehensweise überfordert nicht und wirkt ermutigend.

Phase 1: Sehen Sie sich bitte die Skala an. 10 beschreibt den Idealzustand, 0 stellt das genaue Gegenteil dar.

Wo stehen Sie heute? Bitte markieren Sie Ihre Einschätzung.

Was macht den Unterschied zwischen 0 und diesem Punkt aus?

Wie haben Sie es geschafft, bereits heute auf diesen Punkt zu kommen? Was haben Sie persönlich dazu beigetragen?

0   1   2   3   4   5   6   7   8   9   10

Phase 2: Bitte überlegen Sie, wie Sie einen kleinen Schritt auf der Skala weiterkommen!

Was können Sie tun, um 0,5 bzw. einen kleinen Babyschritt weiter zu gehen?

Abb. 29

Auf einer Skala zwischen 0 und 10 stellt die 0 auf der linken Seite die denkbar ungünstigste, die 10 am rechten Ende die Idealsituation dar. Konkret auf das Thema Evangelisation bezogen, stünde die 0 etwa für die folgende Situation: »Keiner findet zum Glauben. Die Mitglieder sind frustriert und nicht motiviert, sich für Evangelisation einzusetzen. Die letzten evangelistischen Aktivitäten sind erfolglos geblieben.«

10 stünde in etwas für die folgende Situation: »Es kommen immer wieder neue Leute. Es gibt eine Vielzahl von evangelistischen Aktivitäten. Die Menschen werden durch alle evangelistischen Angebote angesprochen. Viele beginnen ein Leben mit Jesus. Die Mitarbeiter sind sehr motiviert, sie drängen darauf, weiter evangelistisch tätig zu sein.«

Einschätzung der derzeitigen Situation

Ihre erste Aufgabe ist es nun, eine Einschätzung Ihrer derzeitigen Situation vorzunehmen. Sind wir momentan bei 3, bei 5, bei 7? Es geht um einen ersten Eindruck; er kann ruhig so ein bisschen aus dem Bauch heraus geschildert werden. Idealerweise nehmen Sie eine Flipchart und besprechen die Fragen mit Ihrer gesamten Gemeindeleitung oder einem geeigneten Mitarbeiterkreis.

Positive Wertschätzung/Ressourcen

Unabhängig davon, an welcher Stelle Sie auf solch einer Skala Ihr Kreuzchen markieren, geht es in der zweiten Phase darum, zu beschreiben, wieso Sie sich schon auf diesem Standpunkt befinden. Wie kommt es, dass wir schon auf 3 oder 5 sind? Wir sind nicht auf der 0, sondern immerhin auf der 5! Das ist doch schon mal prima! Was ist der Grund dafür?

Nun können Sie oder die Teilnehmer solch eines Prozesses all das zusammentragen, was bisher geschehen ist, zum Beispiel: »Ich finde, wir sind bei der 5, weil wir zuletzt einen guten Gästegottesdienst gefeiert haben!«, oder: »Ich finde, die Musicalwoche mit den Kindern ist gut gelungen, es waren 12 neue Kinder da!« Sie können in dieser Phase auch fragen: In welchen Zeiten ist es uns besonders gut gelungen, evangelistisch zu sein? Was war da anders als sonst? In der Regel werden Sie einiges Positive zusammentragen können und am Ende vielleicht sogar feststellen, dass Sie sich zu niedrig eingeschätzt haben. Danach geht es in die dritte Phase.

Weitere Schritte überlegen und vereinbaren

Bleiben wir beim Beispiel der Skalenpositionierung 5 und fragen abschließend: Haben wir Ideen, wie wir uns von 5 auf 5,5 weiterentwickeln können? Es geht bewusst nicht darum, von 5 auf 8 oder 10 vorzustürmen. Wir überlegen uns vielmehr überschaubare »Babyschritte«, die wir auch wirklich umsetzen können, ohne uns zu überfordern. Wir sammeln dazu in einem Brainstorming zunächst Ideen, ohne sie zu bewerten. Dann verständigen wir uns auf zwei oder drei Maßnahmen, die wir mit verantwortlichen Personen und einem angemessenen Zeitrahmen versehen.

VIII. Der lange Atem – die Liebe

Wir haben in diesem Buch versucht, einiges an Informationen, Fakten und Impulsen zusammenzutragen. Manches wird Sie herausgefordert, manches wird Sie provoziert und geärgert haben. Manches empfinden Sie vielleicht als Ermutigung und Bestätigung. Manches von dem, was wir in unserer Gemeindepraxis erlebt haben, geht an Ihren Erfahrungen vorbei.

Wir möchten Sie zum Schluss einladen, mit uns eine Gemeindesituation im Neuen Testament zu betrachten. Jesus ließ am Ende des 1. Jahrhunderts durch Johannes kurze Briefe an sieben Gemeinden schreiben: Ephesus, Smyrna, Pergamon, Thyatira, Sardes, Philadelphia, Laodizea. So heißen die Orte im Buch der Offenbarung in Kapitel 2 und 3. Wir gehen nach Ephesus und überlegen: Was ist das für eine Stadt? Mit 250 000 Einwohnern ist Ephesus am Ende des 1. Jahrhunderts die drittgrößte Stadt des riesigen Römischen Reiches – eine reiche, moderne Metropole mit Sportstadion und Einkaufszentren. Besonders stolz ist sie auf das Theater: 25 000 Plätze mit Blick auf Wasser und Hafen. Das Stadtbild wird geprägt von Tempeln. Wir sehen Bauten für die Kaiser Claudius, Hadrian, Severus und Domitian. Dazu kommen die Tempel, die den Göttern geweiht sind. Der Tempel für die Göttin Diana zählt zu den sieben antiken Weltwundern.

Wir lesen in der Apostelgeschichte davon, wie im Freilufttheater 25 000 Bürger geschlagene zwei Stunden lang brüllen: »Groß ist die Diana der Epheser!« Wir erinnern uns: Der Goldschmied Demetrius zettelt diesen Aufstand an. Warum? Seitdem Paulus das Evangelium von Jesus erklärt, kaufen immer weniger Leute die heidnischen religiösen Artikel. Die Geschäfte laufen nicht mehr so gut, Arbeitsplätze gehen verloren. Deshalb strömen die Handwerker auf die Straße und skandieren: »Groß ist die Diana der Epheser!«

Wir können uns vorstellen, dass in dieser Großstadt Ephesus die

Gemeindearbeit keine einfache Sache ist. Und doch ist diese Stadt nach dem Fall Jerusalems ein geistliches Zentrum der jungen Christenheit. Hier wirken Apollos, Paulus, Johannes, Polykarp und Ignatius. Was sagt Jesus am Ende des 1. Jahrhunderts dem Engel? Was ist die Botschaft an die Gemeinde? Sieben Komplimente und ein Wachstumsfeld!

Zuerst die sieben Komplimente: *»Ich kenne deine Werke und deine Mühsal und deine Geduld und weiß, dass du die Bösen nicht ertragen kannst; und du hast die geprüft, die sagen, sie seien Apostel und sind's nicht, und hast sie als Lügner befunden (…) und hast Geduld und hast um meines Namens willen die Last getragen und bist nicht müde geworden. Das hast du für dich, dass du die Werke der Nikolaïten hassest, die ich auch hasse«*(Offenbarung 2,2-3.6).

Jesus macht sieben Komplimente, er führt sieben anerkennenswerte Merkmale der Gemeindearbeit auf. Wir sind davon überzeugt, das ist typisch für Jesus. Er sieht immer erst das Positive, er sieht das Gute, er sieht uns freundlich an. Was ist so positiv in Ephesus?

1. Kompliment: gute Taten.
2. Kompliment: der Einsatz, die Mühsal, also die Anstrengung.
3. Kompliment: die Ausdauer, die Geduld.
   Geduld bezeichnet ursprünglich im Griechischen, dass man unter einer Last bleibt. Da gibt es eine Last zu tragen, und man versucht nicht, diese Last abzuschütteln, sondern trägt sie weiter, hält sie aus. Jesus kennt den unermüdlichen Fleiß, den Eifer und die Geduld der Mitarbeiter, die aufopferungsvoll große Anstrengungen auf sich nehmen.

   > Jesus kennt den unermüdlichen Fleiß, den Eifer und die Geduld der Mitarbeiter, die aufopferungsvoll große Anstrengungen auf sich nehmen.

4. Kompliment: die Bereitschaft, Konflikten nicht aus dem Weg zu gehen. *»Ihr duldet niemand unter euch, der Böses tut.«* Luther übersetzt: *»Ihr könnt die Bösen nicht ertragen.«* Gemeindemitglieder sagen sich gegenseitig mutig und liebevoll die Wahrheit und gehen nicht um des »lieben Friedens« willen Konflikten aus dem Weg.

5. Kompliment: Falsche Apostel werden entlarvt.

Paulus hat die Epheser am Ende seiner dritten Missionsreise rechtzeitig davor gewarnt. Seine letzten Worte: *»Auch aus eurer Mitte werden Männer aufstehen, die Verkehrtes lehren, um die Jünger an sich zu ziehen«* (Apostelgeschichte 20,28-30). Die Epheser entlarven falsche Apostel und trennen sich von ihnen.

6. Kompliment: *»Du hast um meines Namens willen die Last getragen und bist nicht müde geworden.«* Die Epheser bekennen sich zum Namen von Jesus, auch wenn das Nachteile mit sich bringt.

7. Kompliment: Hass auf die Werke der Nikolaïten, d.h., die Epheser widerstehen den heidnischen Kulten. Sie machen nicht mit bei den Tempelfeiern rund um Diana, rund um die Cäsaren.

Wir merken: Ephesus ist eine erstaunliche Gemeinde! Ich weiß nicht, wie Sie über Ihre Gemeinde denken. Wie würden Sie Ihre Gemeinde beschreiben? Welche Komplimente fallen Ihnen ein? Anders gefragt: Wie denkt Jesus wohl über Ihre Gemeinde? Wir sind davon überzeugt, dass Jesus Ihnen, dass Jesus uns auch sieben Komplimente machen würde, vielleicht noch mehr. Wo hätten wir Komplimente zu erwarten? Welche Komplimente könnte Jesus uns machen?

Vielleicht sagen wir: »Wir sind eine besonders schöne Gemeindeform. Wir sind Freikirche, Gemeinde von Glaubenden, hier gibt es die guten Abendmahlfeiern, die richtigen Taufen usw. Die Bibel ist Grundlage für Glauben und Leben.«

Oder wir sagen: »Wir sind eine besonders schöne Gemeindeform. Wir sind Volkskirche, Gemeinde für alle, hier gibt es die guten Abendmahlfeiern, die richtigen Taufen usw. Die Bibel ist Grundlage für Glauben und Leben.«

Vielleicht sagen wir: »Wir hängen uns auch rein, so wie die in Ephesus! Unser Wochenprogramm kann sich sehen lassen: jeden Sonntag Gottesdienst mit einem Angebot für die Kinder. In der Woche Angebote für Kinder und Jugendliche, Seniorenkreis, einige Bibel- und/oder Hauskreise. Wir haben zuletzt noch renoviert oder umgebaut. Wir geben uns große Mühe, und das seid vielen Jahrzehnten! Wir wissen: Es ist viel Arbeit, aber davor scheuen wir uns nicht.«

Richtig so? Trifft die Beschreibung Ihr Empfinden? Wir sind davon überzeugt, und es deckt sich mit unserer täglichen Erfahrung: Es gibt so viele wunderbare Christen in unserem Land, die sich unermüdlich und leidenschaftlich für ihre Gemeinde einsetzen. Es ist ein besonderes Vorrecht für uns, eine Reihe von diesen Gemeinden kennenzulernen. Und es stimmt: Es ist etwas Einzigartiges, Gemeinde zu bauen. Und dann ist es schön zu wissen: Jesus sieht meine Mühe, mein Engagement! Er sagt auch mir: *»Ich kenne deine Werke und deine Mühsal und deine Geduld. Ich kenne deine Last.«*

Jesus weiß von meiner Arbeit, von meiner Mühsal, von meiner Geduld, von meiner Last. Jesus weiß, dass es eine echte Herausforderung ist, als Christ zu leben. Jesus weiß, dass Gemeindearbeit viel Mühe bedeutet.

Wir wissen nicht, wie es Ihnen momentan geht. Vielleicht kommen Sie auch an Grenzen. Sie haben den Eindruck: Es ist so schwer, ich bin manchmal ziemlich entmutigt, frustriert, enttäuscht, verletzt … Ihren Einsatz in der Gemeinde erleben Sie als anstrengend und belastend.

Aber Jesus ist auch da. In der Offenbarung lesen wir davon, dass Jesus mitten unter den beschriebenen sieben Gemeinden steht. In der Mitte steht Jesus. Das heißt doch: Wir bekommen Kraft, wir werden versorgt mit dem, was wir brauchen. Wir werden von Gott versorgt. Glauben Sie das? Halten Sie bitte daran fest: Gott ist Ihr Versorger. Er ist der Herr Ihrer Gemeinde! Jesus macht der Gemeinde von Ephesus Komplimente. Er sieht auch bei uns zuallererst das Positive, er sieht uns mit liebenden, fürsorglichen Augen an. Er ist in unserer Mitte mit seiner Kraft!

Jetzt zum Wachstumsfeld: Wenn Jesus etwas über die Gemeinde in Ephesus sagt, dann ist das ein bisschen so, als würden wir heute »Rückmeldungen« geben. Es gibt ein englisches Wort dafür: *Feedback.* Und es gibt auch eine Feedback-Regel: Wenn man über irgendetwas Rückmeldung gibt, beschreibt man zunächst die positiven Aspekte. Dann gibt man durchaus auch kritische Beobachtungen weiter – eine Herausforderung, ein Problem, ein Wachstumsfeld. Solch einen Kritikpunkt äußert Jesus gegenüber der Gemeinde in Ephesus. Jesus sagt: *»Ich habe an euch etwas auszusetzen: Eure Liebe ist nicht mehr so wie am Anfang.«* In der Lutherübersetzung lautet dieser Vers: *»Aber ich habe gegen dich, dass du die erste Liebe verlässt«* (Offenbarung 2,4).

Ist doch eigentlich komisch, oder? Zuerst diese ganzen Komplimente, wir stimmen zu und sagen: Ja, so ist es! Genau! Und dann das: »Ich habe an dir etwas auszusetzen: Deine Liebe ist nicht mehr so wie am Anfang.« Das ist ein bisschen so, als wenn wir zu unserer Frau sagen würden: »Du machst einen super Job, einfach klasse, wie du den Haushalt bewältigst, du bist immer für unsere Familie da, du hängst dich voll rein, deine Loyalität, deine Unterstützung sind großartig, du rackerst dich echt ab, super, du bist eine tolle Ehe- und Familienfrau … Aber was ich dir noch sagen wollte: Du liebst mich nicht mehr wie früher, und wenn sich das nicht ändert, dann verlasse ich dich!«

Jesus spricht es radikal aus:

»Kehrt um und handelt wieder so wie zu Beginn! Wenn ihr euch nicht ändert, werde ich zu euch kommen und euren Leuchter von seinem Platz stoßen« (Offenbarung 2,5). Das heißt: Dann gehen die Lampen aus. Und hier ist zunächst das innere Licht, das innere Feuer gemeint. Nach außen läuft in Gemeinde X ein toller Betrieb, aber innen, geistlich gesehen, ist da gar nichts mehr. Darum geht es hier in Ephesus, und vielleicht kennen wir das auch von uns selbst, von uns persönlich. Wir leben christlich, volle Kraft voraus, aber in uns ist das Licht ausgegangen. Wir sind mittendrin im Gemeindegeschehen, wir sind aktiv, wir sind ein wichtiger Faktor, sind anerkannt … aber eigentlich sind wir innerlich nicht wirklich engagiert, unser Feuer, unsere Leidenschaft sind erloschen.

> Wir leben christlich, volle Kraft voraus, aber in uns ist das Licht ausgegangen.

Jesus sagt: Du liebst mich nicht mehr wie früher! Du verlässt die erste Liebe! Deine Liebe ist nicht mehr so wie am Anfang! Das habe ich auszusetzen. Das habe ich gegen dich zu sagen!

Wie sieht sie aus, die Liebe von früher, die erste Liebe? Paulus schreibt von ihr 35 Jahre vorher in seinem Brief an die Epheser:

»Weil (...) ich von eurem Glauben und eurer Liebe höre – dem Glauben an Gott (...) und der Liebe zu allen Christen –, darum danke ich Gott unermüdlich für euch, wenn ich in meinen Gebeten an euch denke« (Epheser 1,15-16). 35 Jahre später sagt Jesus: Ich habe an euch etwas auszusetzen: Eure Liebe ist nicht mehr so wie am Anfang. Du liebst mich nicht mehr wie früher! Du verlässt die erste Liebe!

Wir sind vor mehr als 25 Jahren zum Glauben gekommen: Gibt es zwischen damals und heute einen Unterschied? Wie ist das mit unserer Liebe? Oder nehmen wir einen überschaubaren Zeitraum: die letzten fünf Jahre … Wie ist das mit unserer Liebe zu Jesus? Oder nehmen wir uns als »Gemeinde X«: Wir fragen jetzt nicht nach Veranstaltungen! Wir fragen jetzt nicht nach Programmen! Wir fragen jetzt nicht nach Mitgliederzahlen! Wir fragen jetzt nicht, wie viele Menschen den Gottesdienst besuchen! Wir fragen jetzt nicht nach Bekehrungszahlen! Wir fragen nach unserer Liebe!

Wie ist das mit meiner Liebe? Gibt es einen Unterschied? Trifft die Beschreibung Jesu uns? *»Ich habe an euch etwas auszusetzen: Eure Liebe ist nicht mehr so wie am Anfang.«* Der griechische Grundtext bringt zum Ausdruck: Hier geht es um ein Aufgeben, um ein Liegenlassen. Ich gebe etwas auf, ich lasse etwas liegen, um mich etwas anderem zuzuwenden. Es ist also etwas anderes in unser Leben gekommen, das wir immer mehr lieben – auf Kosten der Gemeinde. Die Liebe gerät immer mehr aus dem Blickfeld. Sie wird außer Acht gelassen, nur noch am Rande berücksichtigt. Die Liebe wird immer blasser.

Jesus macht uns dieses Angebot: *»Kehrt um und handelt wieder so wie zu Beginn!«* Kehr um zur ersten, zur richtigen Liebe! Es gibt diesen Weg zurück!

Liebe braucht immer Zeit, und Zeit ist etwas, das eilige Menschen nicht haben.

John Ortberg schreibt: »Eilige Menschen können nicht lieben. Sie leiden an Erschöpfung, sobald der Tag zu Ende geht.

Wenn wir nach einem Tag nach Hause kommen, bekommen die Menschen, die unsere Liebe am meisten brauchen, denen wir gegenüber am meisten verpflichtet sind, nur noch den kläglichen Rest, der noch von uns übrig ist. Wir sind einfach zu müde oder zu beschäftigt, um die Menschen zu lieben, denen wir die tiefsten Versprechen dazu gegeben haben.«

Das ist auch unser Wachstumsfeld: oft unter Strom, viel Aktivität. Und manchmal merken wir dann: Da ist gar keine Liebe drin, und diejenigen, die uns am nächsten sind, haben wir aus dem Blick verloren.

Die entscheidende Frage heißt: Wie ist das mit meiner Liebe? Wächst diese Liebe? Wächst die Liebe zu Gott und zu den Menschen? Jesus möchte, dass wir in der Balance leben: Aktivität ja, wir sehen es an den sieben Komplimenten. Herausforderungen aufgreifen und bewältigen: ja! Aber diese Aktivität verbindet sich mit der Liebe des Heiligen Geistes, mit der Liebe Jesu, mit dieser revolutionären Herzensliebe!

Es geht um Liebe, nicht um Leistung. Es geht darum, dass wir Gemeinde leben, mit dieser unerschöpflichen einzigartigen Liebe von Jesus. Das ist die Herausforderung! Das wunderbare Angebot von Jesus lautet: Lauf zurück in seine Arme und lass dich von ihm erfüllen! Mach dir neu bewusst, dass durch den Heiligen Geist die Liebe Gottes in unsere Herzen ausgegossen ist.

Es kann sein, dass es für Sie und Ihre Gemeinde wichtig ist, einige der praktischen Impulse zur Erneuerung und Belebung Ihrer Gemeinde umzusetzen. Aber viel wichtiger als vielleicht kurzfristige Aktionen sind der lange Atem und die Liebe zu Jesus, die Liebe zur Gemeinde, die Liebe zu den Menschen!

Wo trifft der Vergleich mit Ephesus zu? Wir haben ein »Gemeinde X«-Programm … Aber was davon ist mit Liebe erfüllt? In welchen Aktivitäten steckt Leidenschaft? Warum? Weil wir die Menschen wirklich lieben? Sind wir so mit uns und unseren

Programmen beschäftigt, dass wir die wachsende Not der Menschen übersehen? Die Menschen in unserem Land brauchen uns. Es ist wichtig, sich diese Frage immer wieder einmal zu stellen: Was würde meiner Stadt fehlen, wenn es meine »Gemeinde X« morgen nicht mehr gäbe? Wer würde es bemerken? Warum? Was ist unser Beitrag für die Menschen? Wie sieht unsere Liebe konkret aus? Wie leben wir liebevolle Gemeinschaft?

Unser Land braucht lebendige, gesunde Gemeinden, die von der Liebe geprägt sind. Unser Land braucht Gemeinden, die kein kurzfristiges Eventfeuerwerk abfackeln, sondern dauerhaft von Gottes Liebe entzündet sind. Aber es geht um noch mehr: nicht nur um Salz und Suppe, sondern um unser Seelenheil. Menschen gehen ohne Jesus ewig verloren!

Come back! Komm zurück!

Nie war diese Aufforderung aktueller: Kommen wir zurück zu dieser Liebe! Nicht allein, sondern mit unserer ganzen Gemeinde. Nicht nur unsere Gemeinde, sondern ganz viele Gemeinden in unserem Land!

FRAGEN UND AUFGABEN ZUM WEITERDENKEN

1. Welche Komplimente könnte Jesus uns zu unserer Gemeinde machen?
2. Wo höre ich neu die Zusage von Jesus, dass er mich in meiner Gemeindesituation sieht?
3. Wie drückte sich die »erste Liebe« zu Jesus früher aus?
4. Wie ist das mit der Liebe zu Jesus heute?
5. Wo braucht diese Liebe ein »Comeback«?

Anhänge

1. Freie evangelische Gemeinde Essen-Kettwig

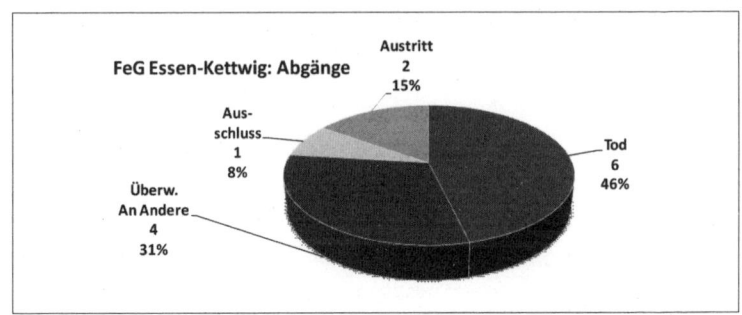

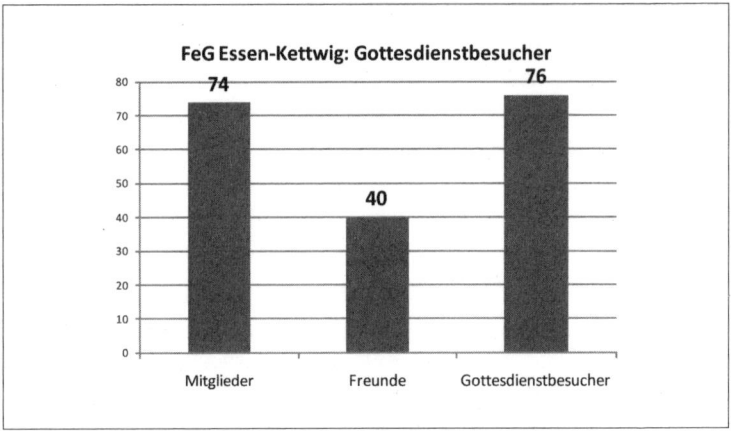

2. Freie evangelische Gemeinde Mechernich

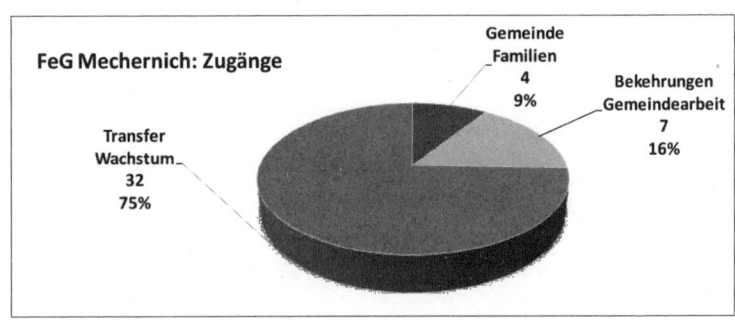

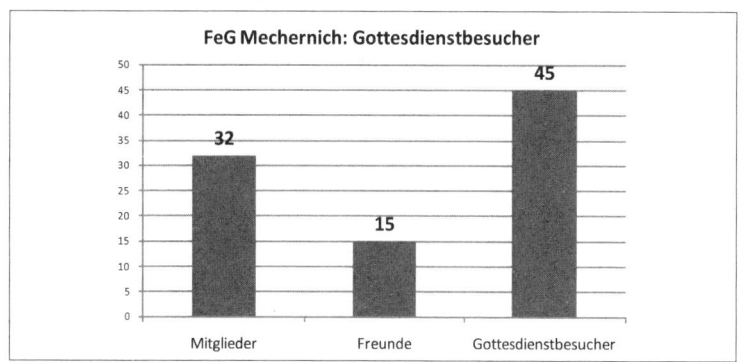

3. Freie evangelische Gemeinde Uedem

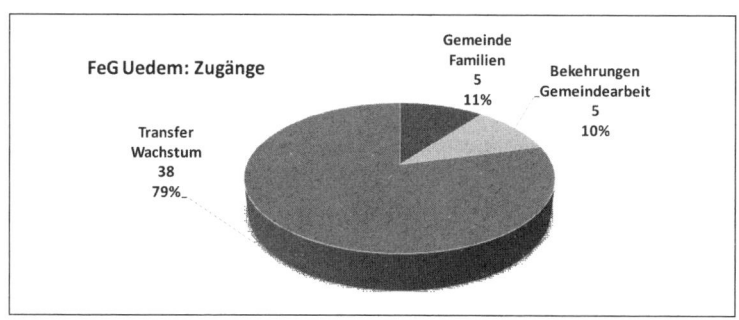

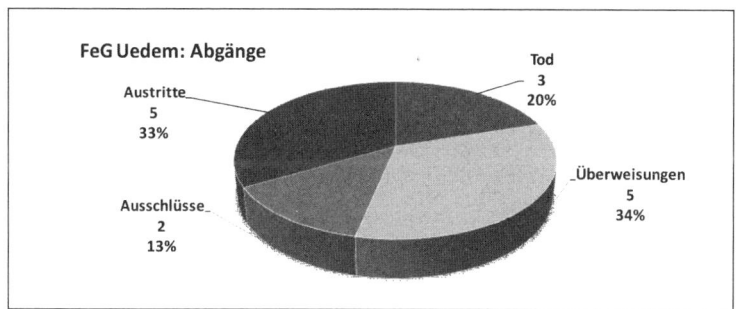

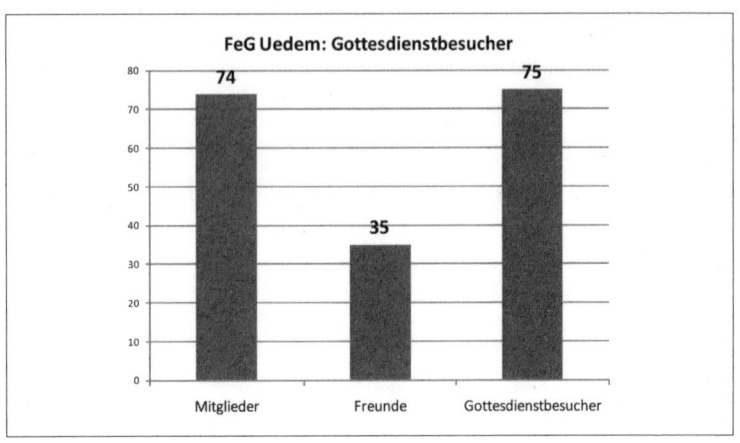

4. Freie evangelische Gemeinde Witten

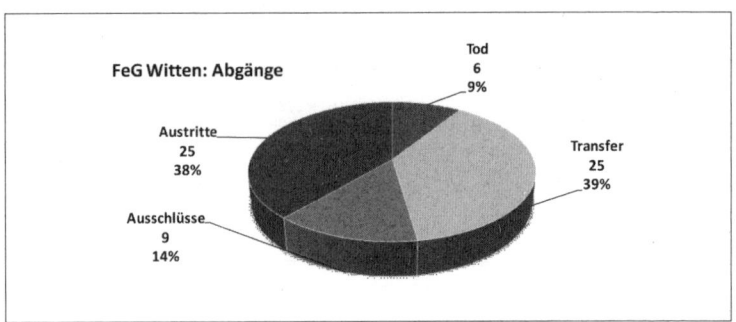

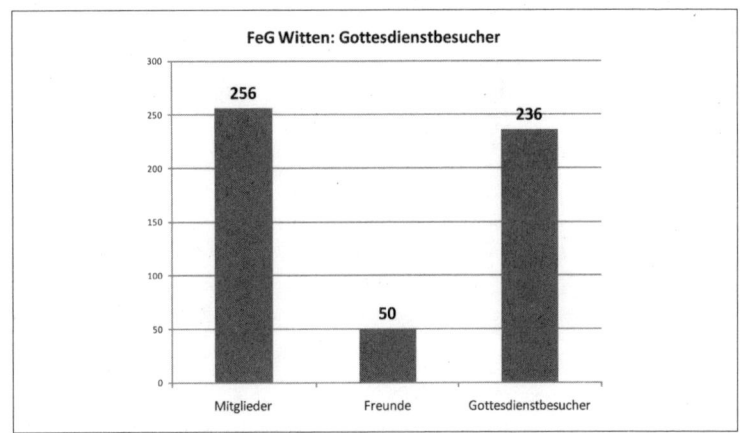

5. Freie evangelische Gemeinde Wuppertal-Elberfeld

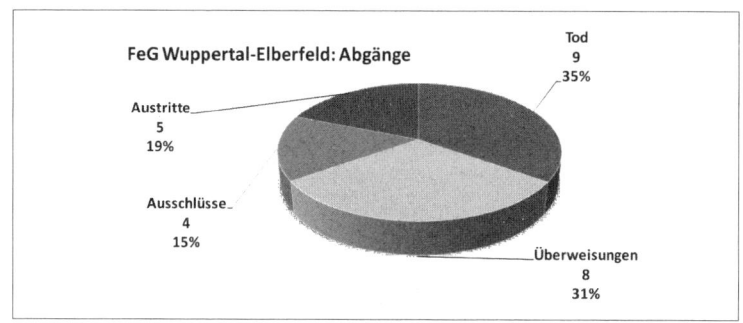

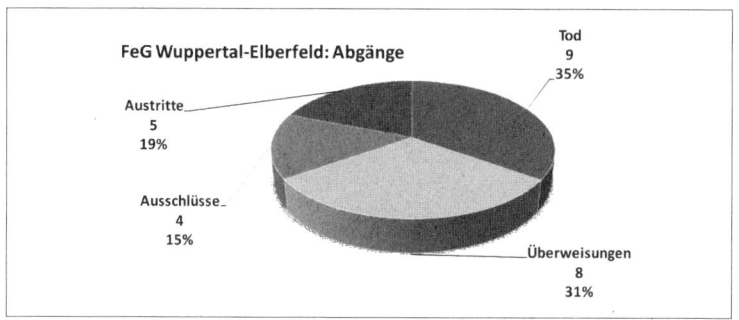

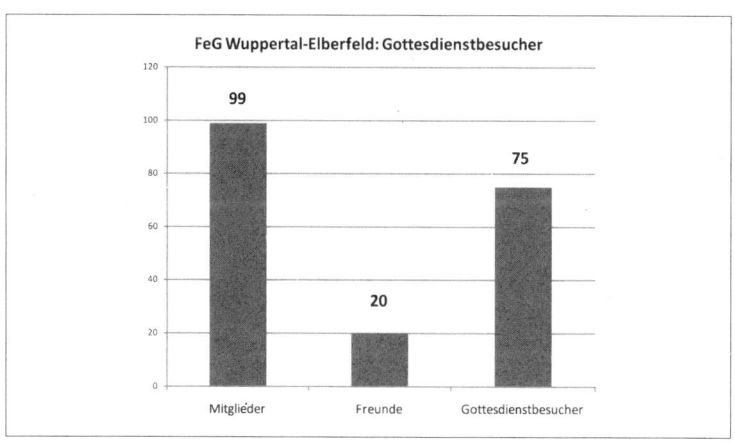

Literatur

Barna, George: Comeback Churches. How to Overcome Barriers to Growth and Bring New Life to an Established Church. Regal Books, 1993

Collins, Jim: Der Weg zu den Besten. Die sieben Management-Prinzipien für dauerhaften Unternehmenserfolg. dtv, München 2006

Egelkraut, Helmuth (Hrsg.): Das Alte Testament – Entstehung – Geschichte – Botschaft. Brunnen Verlag, Gießen/Basel 1989

Frost, Michael / Hirsch, Alan: Die Zukunft gestalten. Innovation und Evangelisation in der Kirche des 21. Jahrhunderts. C&P Verlag, Glashütten 2008

Schmidt, Eva Renate / Berg, Hans Georg: Beraten mit Kontakt. Gemeinde- und Organisationsberatung in der Kirche. Offenbach 2002

Schwarz, Christian A.: Grundkurs Evangelisation, C&P Verlag, 1993

Stanley, Andy: Next Generation Leader. Was man wissen muss, wenn man die Zukunft gestalten will. Brunnen Verlag, Gießen 2007

Theologisches Gespräch 4/2002: Sterbende und wachsende Gemeinden. Oncken Verlag, Kassel 2002

Thielicke, Helmuth: Theologische Ethik, III. Band. J.C.B. Mohr, Tübingen 1968

Thompson, James W.: Pastoral Ministry according to Paul. A Biblical Vision. Baker Academic, Michigan 2007

Wenrich, John: Veritas Workbook. Telling the truth about Revitalization. Evangelical Covenant Church, 2008

Wood, Gene: Leading Comeback Churches. ChurchSmart Resources, 2001

Zindel, Daniel: Geistesgegenwärtig führen. Spiritualität und Management. Neufeld Verlag, 2009